愛玉的故事

保值收藏
4

玉緣

【古玉與好緣】

◈ 鍾　玲

【序】古玉與好緣 ◆鍾玲

▶了。我還在尋找我夢中的蟬。我擁有的這隻蟬，比大英博物館看到的差遠

我是一個相信「緣法」的人。我深信人一生中所有的重要事件，所有的親密關係，都有深遠的緣由，都有超越個人，超越短暫時間空間的緣由。我與古玉的親密關係始於1979年。這十三年來，每一天，玉不是掛在心上，就是掛在身上。掛在心上是因為，我總有逛古玉店的衝動，去探看櫥櫃中那些等著我去發掘它的古玉。我又常會思念我那些鎖在保險箱中的玉件。掛在身上是：每天我身上至少掛兩塊玉，一是左腕上的玉鐲，另一件是貼肉掛在胸前的玉佩。古玉與我的關係是如此之親密，想來我們之間必然有很深的緣法。

1979年秋，因為「空山靈雨」一片入選倫敦影展，前夫胡金銓與我應邀出席首演。過後我們去參觀大英博物館，就是在大英博物館中，我與一片中國古玉蟬面對面的一刹那，我對古玉的痴情，排山倒海的浪一般湧起。我逛到中國館的玉器玻璃櫃前，裡面有十幾塊古玉。那片玉蟬一下

子就攫去了我的全部注意力。薄薄一片，卻並陳各種柔和的色彩，有深藍、有淺綠、半透明的，好像裏面有光射出來。兩隻突出的蟬眼卻乾巴巴有如油加利樹樹皮，蟬尾呈深紫，像枯楓葉的顏色。小小這一片石頭，卻蘊藏這麼多種細緻的色彩，這麼強烈的對比，有死亡、也有生機。我呆了一陣子，看看說明：funerary mouthpiece, Han Dynasty，是漢朝喪葬時，死者含在口中的。我迷惑了，為什麼漢朝貴族死後舌上放一塊玉呢？為什麼放玉蟬，不放別的玉雕，像是玉蜻蜓，或玉蛾呢？這些斑爛的色彩，是玉的原色，還是入土以後才變化出來的呢？

　　因為這一片玉蟬，我懷渴慕的心，走進了中國古代的文化史，更試圖走進我遠古祖先的心靈。我們的祖先，遠至新石器時代，距今五千年前的紅山文化，老早老早就仔細觀察過蟬的生態，他們知道蟬蛹由卵中孵化出來，就鑽入土中，在土中的幼蟲期長達兩年至十三年不等，然後爬出地面，蛻殼而成蟬，飛上高枝鳴唱。我們的祖先一定認為蟬是一種神靈，埋在泥土中，只是養精蓄銳，終能破土而出，能蛻去舊皮囊，能超越死亡。何況玉，在我們祖先眼中，是具有神性的石頭。由新石器時代，一直到六朝，祭祀天地山川的神靈時，玉是神靈降附的禮器，也是送給眾神的大禮物。甚至到今天，一般中國人都會相信頸上掛個玉環，能辟邪，不是嗎？所以，我們漢朝的祖先，深信玉與蟬皆具有靈異的力量，就在入土的死者口中放一塊玉蟬，希望他幾年後，會像蟬一樣破土而出，重獲新的軀體，飛入青冥。小小的一片玉蟬，象徵了我們祖先對生命的無限執著。

　　這本《玉緣》中出現的古玉，是我1984年至1992年間收

藏的一部分玉件。我最常光顧的是香港著名的古董街：荷里活道和嚤囉街。1982～89年間，我在香港大學任教，常常中午下了課，就跳上小巴士去這兩條古董街逛。每次由香港去台北，也一定到光華商場的古董街報到。1989年決定辭去香港大學的職位，回高雄的國立中山大學任教。當然，回到我的第二故鄉，回到我長大的地方，是很溫馨的事；當然，父母親就在高雄，能就近照顧他們，我是要感謝命運恩賜的安排；當然中山大學依山面海，環境幽美，加上能與良師余光中老師及益友范我存時時共聚，是多麼愉快的事。然而，離開香港仍然感到悵然，就是因為念及高雄那個工商大城，怕是沒有什麼古玉店可逛了。那裏知道高雄一樣有古玉珍品等著我。真的，高雄至少有四、五家夠水準的古玉店，所謂「夠水準」就是店的老板懂得古玉，所以他手中的貨必然有好東西；這些店包括慶大莊、正莊、念聖堂、賣老堂等。此外，每星期三高雄還有玉市，全省各地、甚至港澳的玉販都到高雄來趕集。玉市，是揀寶的好地方。於是范我存與我，兩個老搭擋，以前一同在香港逛古玉店，現在結伴在高雄逛古玉店，逛到樂而忘返。

這本書是按玉器的功用來分類的。分為五類：

1. 禮器、祭器。
2. 人物雕。
3. 動物雕。
4. 實用器物。
5. 飾物及陳設。

我沒有採用編年法，因為希望這種按功用的分類，可以令讀者瞭解玉器在古代生活中有什麼實際用途，它在那個時代中國人的生活之中，起過什麼作用，在那個時代中國

人的心靈中，有什麼地位。這本書中所收的古玉飾物比較少，因為我的玉飾收藏都印在另一本藝術圖書公司出的書《如玉——愛玉的故事》之中，說到藝術圖書公司的老板何恭上先生，我跟他真是有玉緣。1991年秋我接到一通台北來的長途電話，何先生說，他看到我出的一本散文集《愛玉的人》，很喜歡我寫古玉的方式寫得那麼生活化，寫得那麼情深款款，所以他打算替我出一本有關我古玉收藏的書。過了半年也沒有他的音訊，我想他只是說說而已，不是認真的。那裏知道由今年三月起，他快馬加鞭，南下來高雄與我簽約、商討細節。找到一個具工作狂熱的攝影師楊景州來替我的古玉寫真，找一流的美工來設計。原來在工作上，何恭上先生真是一絲不苟，碰巧他也喜歡古玉。因為他讀了《愛玉的人》書中我所說的玉的故事，於是激勵我寫出一本《如玉——愛玉的故事》，又寫一本《玉緣——古玉與好緣》的古玉故事來。你說我們是不是有玉緣？

—— 1992年 8 月於高雄

參 動物雕

◆肆 實用器物

【鍾玲·小傳】

東海大學外文系學士、威士康辛大學比較文學博士，現任國立中山大學外文研究所教授兼所長，專門研究美國文學、中美文學關係、中國現代文學。並著有「鍾玲極短篇」、「生死冤家」、「輪迴」等小說，「芬芳的海」詩集及「愛玉的人」散文集。一九九一年以「現代中國繆司：台灣女詩人作品析論」獲行政院國家文藝獎。

保值收藏 4

玉緣

【古玉與好緣】

禮器・祭器

在中國用古玉來作禮器的年代可早了。因為在新石器時代，玉材很珍貴，雕堅硬的玉也很艱難，所以玉材大多數是用來製作禮器的。到了商朝、周朝、及漢朝，有許多玉件是作禮器用的，也有作飾物用的。什麼是禮器呢？大抵是我們祖先之中的統治階級，用來祭祀神靈的器物。祭那些神靈呢？如天神、地神、祖先之神、四方之神、高山之神、大河之神、雨神等。玉製的禮器有那些形制呢？根據那志良的《中國古玉圖釋》，分為以下種類：圭、璧、琄、琮、璋、笏、璜、琥、瓏、圭璧及禮用器物 (P83)。其實，我收的禮器不多，主要是因為很多禮器是大件的，而我卻喜歡比較小件、能佩戴在身上的玉器。算起來我收得比較多的是琮，是因為琮可以穿打繩結作為瑓管佩戴在身上吧。沒辦法，女人總是喜歡具裝飾性的東西。此外，我把幾件喪葬玉也放在這一部分，如唅蟬與金鏤玉衣片等。喪葬玉是指專門為葬禮，放在棺內而製作的玉件，有濃厚的宗教意味，因為古人相信，如果死後有玉在身，就有再生的希望。

尺寸◉3.8×3.1cm

【黃琮禮地】

素面琮《商》

　　這是我玩玉早期買到的一件小寶物。是1985年在九龍廣東道一家小店，用很便宜的價格買到的。它還附有一個特地為它定造的精美銅座。這銅座也應是明清的古物。為什麼我能這麼便宜買到呢？是因為琮上有幾道裂痕，我想因為有裂痕，所以一直賣不掉，所以店主就隨便賣給我了。其實高古的玉器，有些崩裂，是很自然的事。如果一件高古的玉器一點崩裂也沒有，一絲損壞也沒有，那才是你應該警覺的。幾千年前，它埋在墓中，受棺木、泥土、地下水的壓力和浸蝕；如果埋得深，還會受到地熱的烤炙；出土的時候，又會承受到鑱子的挖掘；

忽然現身空氣中時，受到不同的壓力、溼度、氣溫；以上這一切，都會造成損壞。因此，高古的玉器上如稍有損壞，是可以接受的事。

什麼是琮呢？大致上是外面呈方形，中間打的是圓洞，或曰外面看來是方柱形，中間的洞是圓筒形的玉器。這琮的玉質看起來有點像中原的地方玉，但是高雄市古玉生意做得最大的吳啟榮告訴我，因為這玉種溫潤，所以是新疆的和闐玉。和闐玉屬角閃石類，又稱軟玉即nephrite，商周以後的玉器，大多是軟玉製成的。稱之「軟」，其實不軟，用鋼刀都無法在上面劃出痕跡。玻璃就更軟了。有些玉商為了証明自己的玉件是真的軟玉，就用玉件去劃他自己的玻璃櫃，劃出一道道刻痕，証明這件是真貨。如果你見到古玉店的玻璃櫃有一道道刻痕，就是這樣劃出來的。和闐玉被稱為軟玉，是與硬玉相對而言，硬玉是指翡翠，即 jadeite。軟玉的硬度是6～6.3，成分是鈣與鎂的矽酸鹽。硬玉的硬度為七，成分是鈉和鋁的矽酸鹽。

為什麼我說這件素面琮是件寶呢？先說它的年代。吳啟榮說它是商朝的琮，他是由雕工來判斷的，看圖右上方由琮的圓口到下面的三角形台階，那兒沒有雕挖成直角，因此這是商琮，如果是雕成直角，則是周朝以後的琮。那麼這個素琮是作何用處呢？至少在周朝用途非常明確。《周禮・大宗伯》中說：「以蒼璧禮天，以黃琮禮地」。也就是說，天子或諸侯祭天之神靈時，用蒼璧來祭，我想那是因為天是蒼藍色，故用蒼璧。他們祭地之神靈時，用黃琮來祭，我想土地是黃色的，理所當然用黃色的琮。你仔細看，我這素面琮不就是黃色的嗎？《故宮古玉圖錄》圖47的周朝素琮也是黃色的，還沒有我的漂亮！我竟擁有一件三千年前與土地神靈相通的黃琮。

我的前世也許一度為男身，曾是黃河畔黃土地上的一個小諸侯。我在黃風沙中用這塊素面黃琮來祭土地之神，請神保佑我的領地豐收。祭完就把它埋在神壇前的土中。這素面黃琮在五十年前出土，身帶裂痕和沁色在人間找我，現在終於找到我了。你說我用這個故事寫篇小說好不好？

尺寸●直徑9.5×0.8cm

◆附圖

2 【永遠護身】

古玉環《商》

　　這個古玉環是我1989年初得到的，表面上看來，得來很容易，實際上得來非常不容易。那是深奧的機緣，不說也罷。

　　這是個很大的玉環，我原把它的年份定在新石器時代，因為新石器時代的玉璧和玉環，都有極不工整的特色。你看這個玉環外緣的圓，

又彎又扁，還有缺口，是極不工整的圓。中間那洞孔的圓，也略呈橢圓。圓洞也不是直打進去，圓洞斜向一邊，且旋紋歷歷可見。但吳啓榮却說它是商早期的玉環，因為玉種是和闐玉，中國在商朝才開始用和闐玉，新石器時代沒有用和闐玉的。他又說商朝後期的璧與環比較工整，所以這是商早期的環。我查看《殷墟婦好墓》一書中的玉環（圖89）並不十分工整，但又比我這塊工整很多。

就是因為這玉環不規則，所以它才美，你不覺得嗎？它自有一種古拙之美。上面斑爛的褐沁，既古樸，又有現代油畫的意味。至於為什麼它不工整呢？那是因為當時的工具和技術還不能雕出工整的圖形。

那麼當時這環是作何用途呢？可以肯定的是，擁有這類玉件的人一定屬於部族的統治階級。他們活的時候怎麼用這塊玉就不得而知了。但是我們肯定知道這些玉璧、玉環出土時是在墓穴的什麼位置。商墟婦好墓埋的是商皇帝武丁寵愛的配偶：婦好。陪葬的玉器共七百五十五件。墓分六層土，包著外面的槨與裏面的棺。許多玉器都在棺外面，但佩玉、玉人、環、璧、瑗則在墓主的棺內（見《殷墟婦好墓》P12）。可見玉環之重要性。

在江蘇北部青蓮崗文化出土的呈子第二十號墓中，墓主人的胸前就放了兩塊玉環，你看附圖上，兩玉環一左一右，方好放在雙乳的位置。而在婦好墓中，有殉人十六人，皆不是頭骨破碎、就是腰斬，另有殉狗六隻。由殉人殉狗可以知道，當時人相信死後是可以享有生前的享受。婦好就帶了十六個人去陰間服侍她，帶六隻愛犬去護衛她。那些玉璧、玉環的作用，應該是協助她獲得死後生命的工具。因為他們相信玉可以驅逐邪靈、玉可以保護屍身不腐壞，玉可以助人長生不死。

你看，玉器在遠古時代對我們祖先意義多重大？過去七千年來，玉器都與中國人的宗教信仰及人生信念有關。你看對玉的信仰是否已成為中國人血液中的一部分呢？對玉的信仰是否已沈積在我們種族的記憶之中？沈積在你我的記憶中，隨時有被喚醒的可能？換句話說，就是心理學家卡爾‧容格 Karl Jung 所說的「種族潛意識」the racial unconsious。即使在我們不自覺的情況下，祖先的經驗也會代代相傳，遺傳給我們。祖先的本能反應、行為模式、以及對事物的體驗，都會藏在我們的潛意識層之中，在適當的機緣會冒出來影響我們的意識和行為，這叫「種族潛意識」。我想就是因為這個原因，1979年我在倫敦面對一片漢蟬，我對玉的熱愛忽然給喚醒，那是在我血液中對玉的依戀，那是祖先給我的遺產。同樣地，你對古玉的熱愛，也有一天會給喚醒。

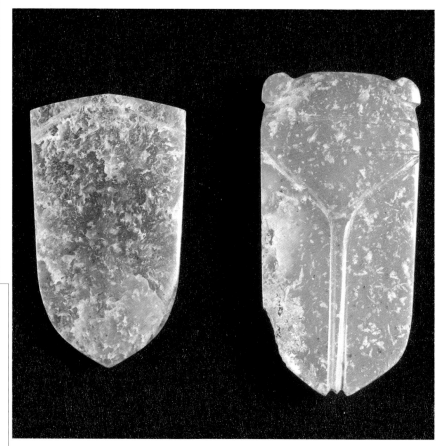

尺寸●左 4×2.4×0.5cm　右 4.8×2.4×0.7cm

3 【青色的生機】

口含蟬 《西周晚期、西漢初期》

　　這兩塊蟬的玉質，都是所謂的周青，是周朝玉雕常用的玉種，但不限於周朝用，後代也常用。這兩個蟬身上都沒有鑽孔，所以不是佩戴在身上的佩蟬，而是所謂哈蟬，也就是喪葬玉，專門為葬禮而製造的。哈蟬是供死者放在舌上的。我在本書序中說過，古人認為蟬是神靈，因為蟬蛹會由土中鑽出地面，蛻殼而飛上高枝。他們希望自己的屍身

也有一天會重生，鑽出地面，蛻去舊皮囊，飛入青冥。把唅蟬放在舌上，死者相信有一天他會像高枝上的蟬一樣，在陽光下歌頌生命，多麼豐富的想像力！

右邊那塊比較大一點的蟬是1988年在香港永吉街買的。買回來的時候，蟬身上許多白點，那就是生坑，即出土時受人氣之前的原狀，大多狀如白粉。後來我偶而摸了摸它，那些方出土時的生坑白色，很快就開始轉成黃色。我的手有如魔術棒，玉給我一碰，很快就會起變化，變得比別人碰快很多。也許是我的皮膚酸性較強，引起較大的化學變化之緣故。

也許你會問，右邊這塊玉是漢蟬嗎？它雙眼不夠長不夠凸，下面的翅尖也不夠長。吳啓榮告訴我，這種形制的蟬應該更早，尤其是兩眼的雕法，可以早到西周晚期。我却認為它應該是漢朝的蟬。因為喪葬玉唅蟬應該是漢朝才有的。而且這種上身長，翅的位置低、翅尖短的蟬，漢朝也有。在《古玉精英》一書中的漢蟬（P153，圖72）其身與翅的比例，就與我這唅蟬相近。不過我這蟬圓圓凸凸的眼睛，倒是真有西周蟬眼的味道。此蟬背面之肚子，微微凸起，很有實感。

左邊這個比較小的蟬是俗稱的三刀蟬，也就是說它是由三個平面構成的。照片上就看到兩面，蟬的中央直線凸起，像是個微微撐起的帳蓬。它的背面並不是平面，雕工也強調了它微圓的腹部。在帳蓬的兩面上方，用兩條斜線來表示蟬的眼睛。吳啓榮認為這是西漢早期的三刀蟬。我同意他的看法。這種三刀蟬的形象古樸而有力。《故宮古玉圖錄》就有一個類似的三刀佩蟬（P147，圖244），在我這三刀蟬中線上方的一條短橫線，在《故宮古玉圖錄》佩蟬身上已發展為一個凹洞了。

尺寸●外徑4.0cm　內徑0.9cm　厚0.5cm

【古人之最愛】

白玉璧 《戰國至漢》

　　在戰國時期，玉璧有多麼珍貴，我想你一定知道的。你不是聽過「完璧歸趙」的故事嗎？趙惠文王得到了「和氏之璧」以後，秦昭王就送信給趙惠王說，要以十五個城來換和氏之璧，藺相如攜帶和氏之璧去見秦王，他多麼機智，多麼果敢地，一見秦王無誠意，就叫部下把璧偷偷送回趙國了。一塊玉璧換十五個城池，那這個璧豈不是天價嗎？二十世紀的今天，天下最大的鑽石能值幾個城呢？即使是小城，大鑽石又能換幾個城呢？

　　想像和氏之璧，玉質一定絕佳，晶盈潤潔，沒有一絲瑕疵。而且其體積一定不會很小，否則不可能這麼珍貴，而且上面一定有精美的雕工。你可以參照《中國古玉圖釋》上戰國的龍鳳雲紋璧，直徑長達11.4公分（P5，彩版3）。你看戰國之鏤空雕及雲紋雕有多精緻！當然，我這塊小小的白玉素璧根本不能與這些名璧相比，體積小，又沒有雕工，但是它的玉質却非常堅實細密，而且具有顏色美麗如水中落葉的棕沁。一般而言，素璧的年份很難斷定。我這塊素璧切鑿得還相當精細，以其厚度及形制而言，應該是戰國至漢期間的璧，用途大約是皇族貴族由腰際垂下來一串組佩中的一件。

　　在春秋時代，玉璧除了祭神，還可以作為神明顯靈的工具。《左傳》一書，昭公十三年（即紀元前529年），楚恭王之夫人無子，他只有五個王妃生的庶子，不知要傳位給哪一個，所以就請神靈來決定太子人選。楚恭王先用玉璧來祭神，然後把玉璧埋在祖廟的庭院，令五位庶子到院中叩拜，楚恭王看那一個立在埋玉璧之處，就令他繼承王位。想想看，那塊玉璧決定了一國之君的人選啊！

　　在漢朝皇族的葬禮中，玉璧的作用，與距漢朝早兩千多年良渚文化的葬禮相似。不管棺中、墓中有多少陪葬之寶物，玉璧總是貼身放。河北滿城一號漢墓為中山靖王劉勝之墓，他穿著金縷玉衣，在金縷玉衣內就貼身在胸前及背後放了十六塊玉璧。廣州南越王的墓中，南越王也是穿金縷玉衣，在玉衣內屍身上下也放了十多塊玉璧。在漢人的心目中，玉璧一定有驅邪、保護魂魄及保護屍身不壞的功用。（有關金縷玉衣內之玉璧，見錢伊平，「漢璧」、《故宮文物》月刊，第89期，P127）。

尺寸 ◉ 3.1×1.3×1.2cm

【八張神臉】

5

雙層人面琮《漢》

　　這是我1985年在荷里活道一家山東人夫婦開的古玉店買的，當時我還不知道它是高古的東西，而且是以很便宜的價格買的。讀者啊，你會以為鍾玲在1985年就有這麼高的功力嗎？非也，我是由一位懂得古玉的朋友陪著逛街。當時我看到這個小玉瑯，即小玉管，它體積又小，

玉質又澀，顏色又暗，毫不起眼，對它實在沒有什麼興趣。我的朋友卻拿來塞在我手中叫我買，所以我才揀到寶。奉勸諸位讀者，如果你也染上了愛玉癖，千萬不要自己一個人到玉店去亂買。最好是跟著懂古玉的人去逛，聽他的意見，學習他的鑑賞力。否則就要繳很多學費，買來一些扔也不是，送人也不是的嘔氣東西了。

這個琮瑚是二層人面琮。如果你由直角方向面對這個琮看，它會出現上下兩張臉，直角線的兩邊的兩個圓圈是眼睛。這種形制是受了良渚文化人面琮的影響。但它卻不一定是良渚文化的產品。根據《良渚文化玉器》一書（P184，圖6至9之說明），這張臉應該是良渚人膜拜的「神人」的臉，上面六道細弦紋應該是代表神人的冠帽，雙眼下面橫跨直角的三條短橫線代表鼻子。這琮每一個直角有上下兩張臉，所以四個直角一共有八張臉。這個小琮瑚上的臉比起良渚琮上神人的臉，可說是簡化太多了。

什麼是良渚文化呢？我當年的高中課本上就沒有提到這重要的中華文化，因為到了1980年代大陸才對它的考古資料作比較全面的整理和研究。良渚文化是在江蘇太湖地區的新石器時代文化，距今約四千二百年至五千五百年前。五千年前我們不止有彩陶文化、黑陶文化，那時中國許多地方都興起了玉器文化，包括良渚文化、江北的青蓮崗文化、山東的大汶口文化、河南的二里頭文化、安徽的薛家崗文化、東北的紅山文化等。其實，我們應該在中國古代的陶器文化與商朝的青銅文化中間，加一段輝煌的玉器文化。此外，新石器時代的玉器文化還改寫另一段中國歷史。我們以前都相信中華文化的搖籃是在黃河流域，我們祖先黃帝的墳陵不是在黃河流域的陝西省嗎？然而玉器文化告訴我們，黃河流域的仰韶文化和龍山文化只是新石器時代各地眾多文化其中兩種罷了。這兩種文化也生產玉器，但江南的玉器，年代比黃河流域更早，製作更精良。最早的玉器文化為七千年前的河姆渡文化，位於浙江餘姚一帶。新石器時代最精美的玉器文化就是江蘇的良渚文化。可見，就最新的考古資料而言，中華民族的文化源頭不在黃河流域，而是在長江下游。你說古玉不重要嗎？它改寫了中國歷史。

我說過我這個雙層人面琮是受良渚文化影響的作品，那它是什麼年代的呢？吳啟榮幫我解決了這個問題，他說，這琮的玉種為和闐玉，所以它不會早過商朝，的確，經我盤過以後，這琮顯出通透的白玉種。吳啟榮又說，這琮中間的洞，打得很直很圓，是戰國以後鐵錐打的洞。所以他把這琮的年代定在漢朝。我想它是漢朝貴族作飾物用的小琮子。

尺寸◉6.1×1.75×1.75cm

【顛倒的臉】

五層玉琮《漢》

　　這五層琮是1985年在香港嚤囉街品珍堂買到的古物。我原先以爲這五層琮是良渚時代的玉器，但又有很多百思不解的疑點。例如說，第一、這琮竟有刻漏的地方，它也是個神人臉的琮，每一層直角兩邊的兩個圓圈都是神人的眼睛，而這五層琮居然有兩個該有眼睛的地方，根本沒有刻圓圈，如圖中最上一層直角的右邊就沒有刻眼睛。因此這一張臉成了獨眼龍。第二個疑點是，良渚文化的多層琮，每一張臉都是朝同一個方向的，一個疊一個，有的琮一疊疊十多層，全是朝同一方向。而我這個五層琮，上三層是朝同一個方向，下面兩層的臉却是朝巔倒的方向，怎麼這麼奇怪呢？

　　而這琮玉質靑亮，越玩越潤，左上方棕黃的沁，深深咬入玉質之中，明明是件古物啊。後來我與吳啓榮一起研究，才斷定它應該是漢朝的東西，第一、它的玉質屬和闐玉的靑玉種，所以不會早過商朝，第二、琮中間的洞打得又直、又圓，是戰國以後的打洞法。漢人又多以琮瑗爲飾物，所以把這五層琮的年代定在漢朝。因此這琮的許多疑點便迎刃而解了，它缺眼、它有巔倒的臉，都是很自然的事，因爲漢朝的玉工仿兩三千年前的東西，當然有解錯意之處。

　　有時候書本上、圖片上的知識是不夠的，因爲古玉的學問浩如大海，它涉及中國文化的許多層面，所有的考據文章加起來也不過看到冰山一角而已。像吳啓榮、鄭方振、許仁豐這些玉器生意做得很大的人，經手的東西多，又肯鑽研，甚至常去考古挖掘的地點、或去博物館看眞品，他們對古玉的瞭解是比較落實的，對玉器的製作、雕工、玉質、材料都有他們的見解。還有，方才提到「沁」，你也許不知道什麼叫沁。古玉界的人大多相信，玉器埋在土中，因爲土中的壓力、溼度與溫度，其結構會比較開放。土中的、棺中鐵器銅器等礦物質會滲入玉質之中，起化學變化，成爲玉質的一部分，這叫「受沁」。出土之後，人把玩它，它受了人氣，沁的部分會轉爲不同的色彩，是爲「沁色」。沁色會起變化絕對是眞的，那是我常有的親身經驗。至於受沁是否源於礦物引起的化學變化，則有待考證。

尺寸◉7.45×8.5×1.9cm　內徑6.15cm

【痛心的黑色】

人面琮鐲

　　你看這個琮鐲古意盈然，是不是？叫它琮鐲，因為它既是內圓外方的琮，又是可以套在腕上的鐲。可是讓我告訴你，它是有問題的。我這本書不但會告訴你我收藏到什麼寶貝，也會告訴你，我的慘痛經驗。

　　話說1985年冬，有一次我一個人到九龍油麻地陸橋下的玉市市集逛。玉市上除了有固定的攤位，在玉市的大門，還有一些跑單幫的倚石柱或坐或立。他們頸上、腰帶上都掛著些待價而沽的古玉。我就在那兒看到一位逛玉市的老先生，他的頭髮花白梳在耳後，整整齊齊，穿棕色的西裝，剪裁和料子都很夠水準。他正向一個倚在石柱的人，指明要看他頸上掛的一件東西。這位衣冠楚楚的老先生取過那塊玉，然後由自己口袋中掏出一個小小的放大鏡，我的眼睛一亮，他放大鏡框的孔上用繩繫了一塊小方瑓，美得令我目眩！晶盈的玉質，櫻桃紅的沁色。我忍不住與他搭話說：「你這塊小瑓子非常好。」

　　他看了我一眼，很有學者風度地說：「這是西周的瑓。你看，這有一道線，是玉匠留下的記印，叫留刀，是西周時期的特色。」

　　他又向我介紹站在一旁他的太太，一位慈祥的老太太。他告訴我，他的古玉收藏曾在美國的博物館展覽過。我想我遇見大收藏家了。其後半年，我常與他們夫婦見面，先是我把我以前買的東西拿去請教他。老先生教我辨真偽，並教我各時代的特色。然後有一次他帶一本厚厚的書來，說是很重要的書，我應該買，那的確是有份量的書——哈佛大學佛格博物館出的Ancient Chinese Jades——不但我買了，那次一同飲茶的范我存也買了。隨後又說他有小件的東西，想要淘汰，我當然很有興趣接收。於是我向他買些七百八百元港幣的小東西，像是小圖章、瑓子之類。有一次他竟還向我收購東西。我買到一個黃玉司南佩，他告訴我是仿漢的，不是真品，不過有個外國人說真的假的都想要。老先生問我多少錢買的，我乖乖地報告，是三百元港幣買的，他給我三百五十元就把司南佩取走了。

　　有一次他把圖中的這個人面琮鐲給我看。這琮鐲放在一個特製的錦盒之中。老先生說，這是西周的，白玉水銀沁。我看它雖然墨墨黑黑，但有「開窗」之處，即圖中左下角處，露出玉受沁前的原來白玉玉質。而且整體來看，有古樸之美。此外，我已經給這位老先生教到專會喜

歡這種黑黑烏烏、有所謂奇沁的東西了。於是我動了心，一問價錢，抽了口氣，當時約合台幣三萬元。在1985年，我才買玉沒有多久，從來不敢花大錢買玉，這對我是天文數字，是我在香港大學教書半個多月的薪水。但因為實在動了心，就不管三七二十一決定買了。在我說出要買的一剎那，我察覺老先生和老太太對望一眼，我覺得有點古怪。

其後我還繼續與他們來往，買了他們一些玉件。直到有一天，我看到《文物》雜誌上有關良渚文化玉器的報告，我知道這個琮鐲是絕對有問題的。它大體的形制是符合良渚的琮鐲，問題出在雙眼之上的凸起橫條上，也出在雙眼之下的鼻子上。那凸起橫條其實是表現良渚神人的冠冕，上面應該有橫絃紋。而這個黑沁琮鐲的凸起橫條上卻刻了斜斜的眉毛。那四個人面的鼻子，有些鼻孔上彎，有些鼻孔不彎，全無章法。可見是贗品。我忽然想起老先生老太太對望的眼神，好像流露出終於鬆了一口氣的樣子！他們想，這個假貨終於賣出去了！原來他們是騙我，假裝成大收藏家的模樣，無非是騙我買他們的贗品！那個被他半買半搶拿去的司南佩，很有可能是漢朝的真品。於是我與這偽君子斷絕往來。

現在想起來，我根本是庸人自擾。他們本來就是做古玉生意的，哪個做古玉生意的手中貨不是有真有假呢？誰叫我天真地認定他是收藏家呢？誰叫自己鑑別力不夠，買到假貨呢？更何況由他手中我也買到一些好東西，像是本書中收的飛燕玉章，以及《如玉》一書中收的「黑裏俏：高身筒形鐲（周）」都是向老先生買的。此外，這個黑沁琮鐲大體形制是對的，因為它的玉質屬於和闐白玉，所以是商朝以後的東西。「殷墟婦好墓」一書中就有一刻有紋飾的玉琮（圖版82，3Ⅲ式玉琮），其形制與我這問題琮大體相似。大概我這琮是一商朝的素琮，不知是那個年代的玉匠，替它加了眉毛、眼睛、鼻子，如果沒有改件反而是一件好東西。

尺寸 ◉ 3.6×3.45×2.6cm

8

【誰加的五官？】

青玉琮《漢》

這是1986年初在台北光華商場購得的玉琮。玉質晶盈，淺綠中帶一點淡藍，褐色的沁把玉的表層蝕得斑斑駁駁，一看就古意盈然。你會說，看！這是良渚文化的人面琮，每一個直角都有一張臉呢！但是你錯了，它不是屬於良渚文化的。良渚文化的玉器用中國本土產的陽起石、透閃石和蛇紋石，沒有用到和闐玉，而這人面琮用的肯定是和闐玉中的青玉。固然這玉琮的人面與良渚玉琮有相似之處，如上有兩條弦紋橫凸條，有兩個圓眼睛，但它的鼻子却大異其趣，它的鼻子是畫在直角部位的一個圓圈，圈中竟有古銅錢的線條，良渚文化的玉琮哪兒有這種鼻子？

我的假設是，這玉琮應該原來是一高古素琮，是什麼時代的素琮呢？因為它整體形制非常工整，方的地方方，圓的地方圓，洞鑽在正中央，每一個三角台階都很整齊，而商朝、周朝的琮都有不工整的特點，所以這個琮原來應該是漢朝的成品。那麼它的眼睛和怪鼻子是什麼時候雕上去的呢？古玉太有意思了，它像是謎，難解的謎，又是與我們息息相關的謎，因為與我們的祖先有密切的關係。

吳啓榮看了這個玉琮說，這琮是漢朝的琮沒錯，漢時應該是件素琮也沒錯。它應該是漢時入土陪葬，也許是宋朝出土，上有現在的棕色沁痕，而眼睛與鼻子則是出土以後刻上去的。他說出很令人信服的証據來：第一、琮上的眼睛是由許多斜線構成。漢朝的圓圈不是這種雕法。第二、受棕色沁的地方，忽然凹了下去，不是自然受沁的樣子，而是受沁以後，加工再打磨平時，因為玉質內部密度已因受沁而起變化，所以是磨不平的。因此吳啓榮認為玉琮是在出土後才加刻眼與鼻，但加刻的時間也已經很久了，因為現在的包漿已很明顯，也就是整件玉器表皮有明顯的風化現象。

尺寸◉左2.2×1.05cm　中3.9×2.2×0.35cm　右2.04×1cm

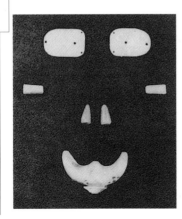

◆附圖

9

【抵抗死亡】

玉衣片與玉塞《漢》

這三件喪葬玉都是香港小玉店中找到的。你知道它們是作什麼用的之後，心中一定會害怕。它們是用來貼身保護墓主人屍身的。中間那一片長方形的是金縷玉衣上的一片玉。左右兩個小圓柱則是「塞」，塞屍體的九竅用的。左邊的塞是和闐玉質，右邊的塞是琉璃做的，也就是漢朝製造的玻璃成品。

在1968年以前，河北滿城縣中山靖王劉勝之墓發掘以前，每當我們讀到唐詩中的「勸君莫惜金縷衣」，沒有人眞的知道什麼是金縷衣。中山靖王及其妻每人都穿著一套眞的金縷玉衣，用眞金製成的線把玉片縫成一件由頭頂到腳底把人裹得密密的玉衣。見附圖中山靖王的玉衣就是由二千四百九十八件玉片縫成的，玉片形狀有長方形、正方形、梯形、三角形、多邊形等。我這一金縷玉衣片屬用得最多的長方形，它四周的小洞就是用來穿金線的。我這塊金縷玉衣片不知當年是漢朝那一位皇族人士入歛大禮服的一小片玉？

什麼叫「九竅玉」呢？葛洪《抱朴子》說：「金玉在九竅，則死人爲不朽」。那志良在《中國古玉圖釋》中說：「所謂九竅的，是指兩隻眼睛，兩個鼻孔，兩個耳孔，一個嘴，及下身的前後陰道。」(P383)我想我這兩件是塞鼻孔用的塞。左邊的玉塞玉質透剔，有朝霞一般的美麗沁色。右邊的琉璃塞也沁蝕得閃閃發光。在戰國及漢朝，琉璃很貴重，甚至比一般玉件還要寶貴，因爲很難製作的緣故，那兒像今日的玻璃器皿那麼不值錢！

漢朝人相信如果人的九竅都用玉塞住了，屍體就不會腐朽。你看附圖就是中山靖王劉勝臉上的玉塞。當然玉衣和玉塞都不能保護劉勝的屍身。墓發挖出來時，兩千年下來，他已屍骨不存，保存下來的倒是金縷玉衣和那些玉塞。爲什麼漢朝人會相信玉能保護屍身不腐敗呢？我們現在知道，漢朝人的墓葬法非常高明，的確能保存屍身不壞，例如大量用木碳來吸潮。1972年發掘的長沙馬王堆一號漢墓中，棺中的女屍歷二千年仍保存良好、尙未腐敗。漢朝人却把其它高明的保護屍體方法誤認是玉器的功勞了。《漢書》劉盆子傳中說，赤眉兵作亂，發掘漢朝的皇陵取寶物。凡是金縷玉衣的屍體，都沒有腐壞，率皆如生。他們發掘了呂后的屍體，那時呂后已經入土近二百年了。可見古時人

是把其他保存屍體之法誤認是玉器的功勞。至於漢人爲什麼相信這種說法呢？因爲他們相信玉是神仙的食物，吃玉會長生不死。《山海經》卷二西山經就說：黃帝用玉花來種玉，長出來的美玉，就是神的食物；如果人類吃玉的話，可以抗拒不祥，可以抗拒邪靈和死亡。在抗拒不祥和抗拒死亡這兩點上，今天的我相信玉仍有這些力量的。我相信佩戴古玉在身上，會補助人的氣勢，令人做事順利，化險爲夷。而玉入土幾千年，墓主早已化爲塵土，古玉出土後，反而因受了沁，更加多變、更加美麗，你說玉不能抗拒死亡嗎？

◆附圖

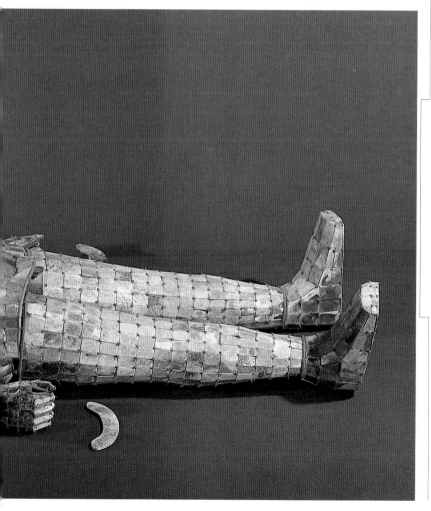

人物雕

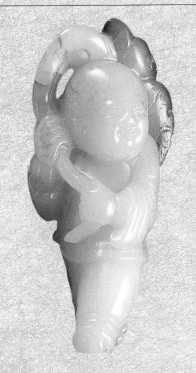

所謂人物雕的玉器，通常是指五官四肢俱全的立體人物玉雕。由殷商以至唐朝，大抵來說，雕的人物都是侍者或舞人。在《殷墟玉器》一書中，就有三個下跪姿勢的男侍者玉人（圖96、97、102、105）。《中國美術全集・工藝美術編　⑨・玉器》中，資料就更多了，有商朝的「玉拱手立人」（圖76），從他彎膝拱手的姿態來看，必然是侍者。中山靖王劉勝墓在棺與槨之間有一個玉人，正襟危坐，雙手置於几上，可能是一位文書祕書（圖165）。圖185則爲漢朝的玉舞人佩。郭豫倫老師有一個唐朝的胡人跪像，上好的白玉雕的。由商至唐大多雕侍者、舞人、部屬，大抵是供主人佩戴，或陪葬，以服侍主人。到了明清，人物玉雕大多數是爲了配合及表現吉利辭。例如說，如果雕一個漁翁，手中持一條鯉魚，就是「漁翁得利（鯉）」的意思，以祝人生意興隆。我收的人物雕多爲明清的作品。

尺寸◉4.2×3.1×0.6cm

10

【飛人獻壽】

白玉羽人 《遼》

你看這奇怪的人物雕刻：她梳了高髻，穿貼身短衣，雙手捧著像壽桃的水果，却有鳥的翅膀和尾巴。腳下有個雲頭，表示她在天上飛。這人首鳥身的羽人是1989年夏天在高雄慶大莊吳啓榮那兒買的。她是不是唐朝的「飛天」呢？飛天是在佛教傳說中，專採百花香露，能樂善舞，向人間散花的仙女。在敦煌壁畫中常出現，衣袂彩帶飄然地飛在空中。但是「飛天」是沒有翅膀的，全身是人形，玉雕飛天可以參考《中國美術全集‧工藝美術編 ⑨‧玉器》的「玉飛天佩」（圖227）。所以我這個白玉羽人，不是個飛天。

在《中國美術全集 ⑨‧玉器》（圖244）中還有一個遼的玉飛天。她是人身，穿著長褲，而非鳥身，除此以外，與我的白玉羽人很相似。體形為扁形。全身略呈三角形，兩者皆為陰線雕，高髻上戴平頂帽，臂上、腕上都有雙線，大概是表示穿了緊身衣。兩個臉都側向一方，雙手作捧物狀。身子下面的雲頭形狀也相似。所以我把我的羽人定在遼代（907～1125年），即宋朝北方的遼人。也許這是遼人神話與佛教神話結合而產生的羽人仙女。

《古玉精英》一書上有一個玉雕的「爬行嬰兒墜」（圖126）；是宋朝的帳墜娃娃。其大小與我的白玉羽人相近。我想《古玉精英》上的考據是錯了，這娃娃的形制大抵與那遼的玉飛天及我的白玉羽人相類，他不是在爬行，而是在飛的小飛俠。因為他衣帶飄飄，身下有狀如雲頭的飄帶，他的雙手也捧著果子，與我的羽人一樣，也是在獻壽。應是祝壽的禮物。

奇怪的是，我這羽人的頭頂中央，向下打了個0.25公分深的小圓洞，想來這羽人原來是從上面用一小桿把她固定吊在空中，她真的是在飛。更奇怪的是，我在高雄買到這塊玉沒有多久，范我存就在台北光華商場也買到一個一模一樣的白玉羽人，只是她的玉質顏色比較灰。我心中開始不安起來。這些羽人是不是現今仿造的東西呢？仿的東西是可以大批製造的。但是我們這兩個羽人的皮殼都很好，風化的痕跡很自然，以後市場上也沒有再出現過這種羽人，我心中一塊石頭終於落地。

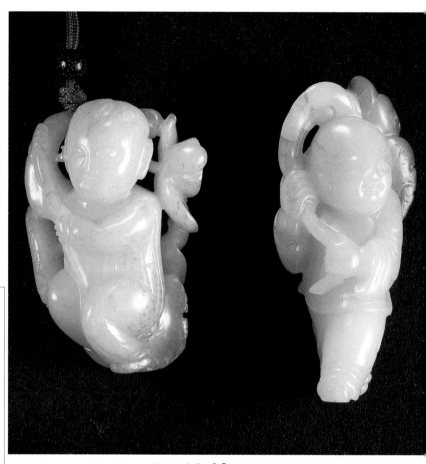

尺寸●左：6.1×4.2×2.3cm　右7.3×3.5×2.5cm

11

【持荷童子】

玉磨喝樂 《明、清》

　　現代兒童心愛的玩具之一就是洋娃娃。古時候，由元朝開始，有一種大人小孩都玩的娃娃，叫「磨喝樂」，圖上我這兩個玉娃娃都是磨喝樂。這娃娃的形狀通常是一個小男孩，手持一枝荷花。為什麼要手持荷花呢？「荷」與「蓮」有時通用，所以此娃娃之形狀是指「連（蓮）生貴子」。Chinese Jades from Han to Ching 上就有一個元朝的磨喝樂，一手持蓮、一手持笙（P40，圖94），諧音為「連（蓮）生（笙）貴子」。

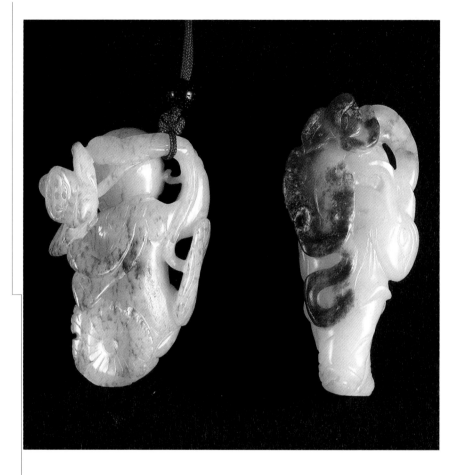

　　它為什麼叫磨喝樂呢？根據鄧之誠注的《東京夢華錄》注（宋、孟元老撰，P210），磨喝樂是由羅睺羅轉音而來，羅睺羅是當佛祖仍是俗身為王時，與其妻耶輸陀羅所生之子也。在宋朝，磨喝樂是七夕佳節最流行的玩偶，有陶製的、也有象牙做的、甚至有金的銀的和玉質的，七夕有人一擲千金買個玉磨喝樂。甚至小孩子也會打扮成磨喝樂的樣子，手持荷花滿街走。宋朝的話本小說《碾玉觀音》中，郡王打算雕一件白玉送給皇帝，幾個玉匠就來討論應該雕什麼，其中一位玉匠就建議雕個磨喝樂。我曾把這話本小說改編為兩萬字的小說「生死冤家」（洪範出版社），我還在故事中加添了一塊龍鳳玉佩，作為女主角穿越陰陽兩界的媒介，古玉豐富了我的創作世界。

　　圖左邊這個娃娃是我1988年在香港蕭祖芳那兒買的。不論是雕工或

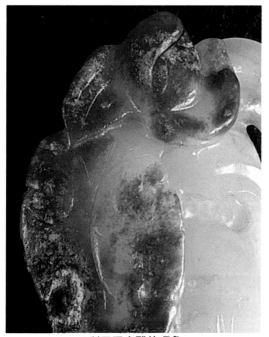

◆利用玉皮雕的巧色

玉種，都開門見山是明朝的東西。玉種微帶黃色很晶盈。沁色棕黃如片片杏果，你看另一張背面的照片，他背部的沁就別特別鮮艷。娃娃的雕工不精細，身體的比例也不正確，如手特別小，頭特別大，這些都是明朝娃娃的特徵。他眼睛細細，嘴巴小小，臉和身子却胖敦憨厚的模樣，很樸實可愛。背後有三片荷葉、一朵荷花，還有衣帶的帶結，佈局非常熱鬧。

右邊這個娃娃是1989年離開香港回高雄之前在九龍海運大廈馬明欣那兒買的。這娃娃的年代就晚了些。他的雕工與第一個大不相同，雕得非常精細，連眼皮、下巴、手指、衣服的折痕，都是一絲不苟。這娃娃也是雕得神氣活現的。他是個歡樂天使，連眼都笑彎了。他正在探步走路，動感好極了。這麼精細的工，應該是乾隆時期的雕工。更精彩的是，你注意看顯示他背部的那張照片，娃娃捐在背後的荷花和荷葉都是鮮潤的棕紅色，但這不是沁色，而是巧匠巧心運用的巧色，也就是運用「玉皮」原色來雕的。在玉礦石中，軟玉部分與石頭質地部分交接之處，通常是黃色棕色或黑色的石質。這位巧匠在切玉的時候，就保留一層棕色皮色來雕荷花與荷葉，這就是所謂的「巧色」。

尺寸 ◉ 6.5×4.2×1.7cm

12

【連生貴子】

白玉母子《明清之際》

　　這是我1991年在高雄買到的白玉人物雕，是相當好的白玉種。這玉雕放在店裏的玻璃櫃中，遠看不怎麼樣。但取出來湊近眼一瞧，我就被那女人的一張臉牢牢吸住了，是張完美的鵝蛋臉，最迷人的是她祥和的神情：月牙的眉、低垂的慈眼、微笑的嘴角，令我聯想到觀音菩薩。她的臉雕得完美，其它部分也中規中距，她鬢上的毛髮、母子二人的衣褶、兩人的手指，都雕得相當細。兩人之間還有鏤空雕，鏤空雕是難度頗高的。母子二人姿態優美自然，母親回過臉來低垂雙眼看孩子，孩子好像舉起一手去拉母親的袖子，我好像聽得見他笑著叫媽媽呢！

　　在孩子的頭頂和母親的鬢側，帶有一些棕黃的沁，可見這玉件曾入過土。女人的頭部與身體的比例，頭部過大，加上母子二人身體圓敦敦、很富態，這玉雕大約是明末清初的作品。女人手持兩支蓮蓬，蓮蓬多子，又加上有個孩童在，這玉雕的母子圖的寓意應該是「連（蓮）生貴子」。

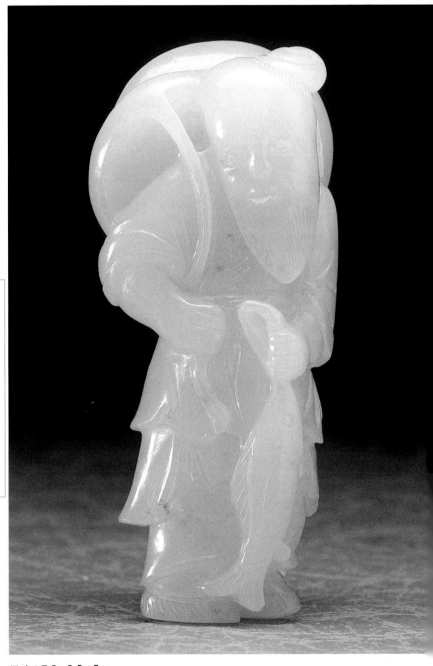

尺寸 ◉ 7.5×3.5×2cm

13 【漁翁得利】

漁夫和鯉魚《清》

1987年底，我在荷里活道買到一個戰國璜，雕工精細，上刻典型的戰國龍紋，以戰國玉件而言，價格實在不貴，我以為揀到寶了。回家細看它，總覺得線條有些死板，整塊玉沒有生氣。老行尊張富川先生有一個徒弟在荷里活道上開店，我拿去給他看，他一看就告訴我說：這叫「生意貨」，是用殘破的入土古玉，改雕而成，所以有些地方的皮殼不對，是人工作的。內行人一見就知道這是生意貨，所以價格也不會高。我恍然大悟，原來是內行做生意的人買來哄外行人的。我就打算拿回去換東西。

我回到那家店，先看看櫃中有什麼好東西，一看就看上這個青玉的漁夫和鯉魚，其價格比「生意貨」還要高。與老板娘談好價錢，就亮出「生意貨」玉璜說：「我用玉璜的價來抵漁夫部分的價，不夠的我付你現款。」

她不高興地說：「這玉璜我又沒有賣貴你，不換！」

我說：「這玉璜叫生意貨。」

她點頭說：「是生意貨，我是給你生意貨的價錢，否則真的戰國璜可要十多萬港幣。」

我說：「如果我是做生意的，買了生意貨當然沒問題，但是我又不做生意。反正你不吃虧，是不是！」

老板娘大概想以後我還會來買她的東西，就讓我換了。其實她很公道，有些店，如果你退東西，要扣百分之十或以上的手續費，也有些店是根本不肯換的。

那裏知道這漁夫還真是件寶。我請張富川先生看，他說，由漁夫的臉與斗笠的雕工，就可以斷定這件是精美的乾隆工。漁夫的額頭打磨得油光圓潤，鬍子與髮髻上的毛髮，一根一根地一絲不苟，連眼皮都雕得像是會動一樣。漁夫肩上背了搭連包。他的斗笠，看那張特寫就知道，圓滑而有質感。

這漁夫手持一條鯉魚，其諧音是指「漁翁得利（鯉）」之意。大概這件玉是乾隆時期送給大商賈的禮物。這玉件的玉質不是白玉，而是青白玉，非常潤潔的青白玉，所以買白玉件，不一定要執著白玉或羊脂白玉，好的青白玉件一樣很值得收藏。

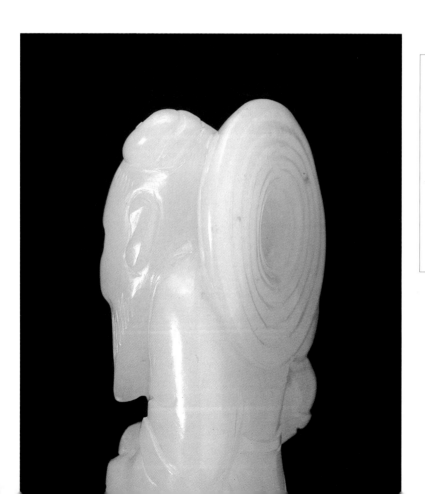

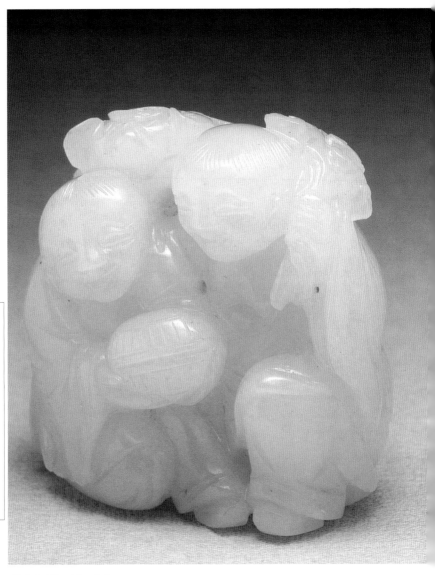

尺寸 ● 4.2×4.1×2.6cm

【婚嫁囍神】

和合二仙《清》

　　這是我1991年在高雄買到的人物玉雕，應該是清朝中葉以後的作品。我買它有一個重要原因，因爲它與我以前研究過的寒山子有關。以前我寫過論文「寒山在東方和西方文學界的地位」及「寒山詩的流傳」。

　　「和合二仙」是明清玉雕常見的主題。合和二仙是指傳說中隋唐時代在天台山的詩隱寒山和拾得。他們二人有詩流傳，但事蹟已難考証。由於他們的詩集有一篇序中描寫了他們很多神蹟，後來他們在通俗文化中就成仙成聖了。蘇州的寒山寺就供了他們兩位的神像，至今天仍在那兒。根據《通俗篇》，清朝雍正十一年，封寒山爲和聖，拾得爲合聖，他們二人變成了婚嫁的囍神。《西湖遊覽志》上說：婚禮的時候必要祭拜和合二神，以求百年好合。這兩位神仙，通常蓬著頭髮，著綠色衣服，一人手持荷花，一人手持圓盒。因爲「荷」、「盒」、「和」、「合」皆爲諧音。

　　我這人物雕和合二仙是上好的靑白玉質，雕工也相當細緻。應該是清朝中葉的作品。左邊的拾得雙手捧著一個圓盒子，右邊的寒山持荷花、荷葉及靈芝。兩個人都笑開了口，可見婚嫁是大歡大樂之事。這類「和合二仙」玉雕應該是明清時代聯婚時的重要禮品。香港市政局出的《中國玉雕》一書也有和合二仙玉雕（P295、圖279）。

　　寒山拾得二人詩中所表現的情懷，是出世遠離紅塵，在高山中獨居的隱士心態，與塵俗的婚嫁完全拉不上關係。他們爲什麼會轉化爲婚嫁之神呢？這可能與歷代二人的畫像有關，由元朝開始，他們就是畫家筆下常見的主題，總是兩個人同時出現，瘋瘋癲癲地，呵呵大笑。大概因爲總是兩個人，總是在笑，令人聯想到歡樂的婚嫁，於是他們就變成囍神了。

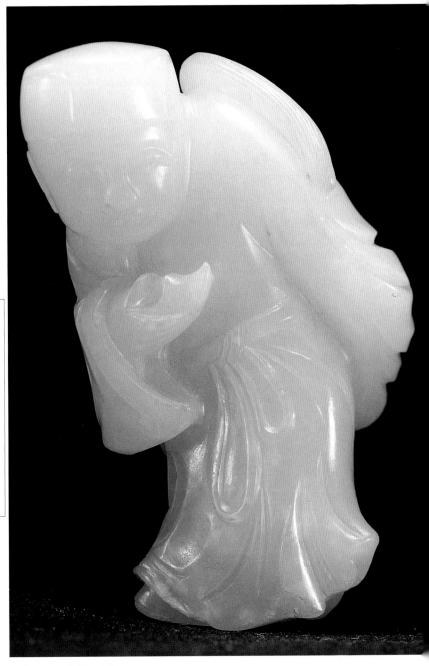

尺寸 ◉ 5.8×3.65×1.8cm

15 【鬼鬼祟祟】

高力士《清》

　　這是我1988年初在嚤囉街蕭祖芳那兒買到的人物雕。蕭先生告訴我，這人是高力士。細看之下，那神態的確有點像是典型的宦官模樣。唐朝的高力士比起後來宋朝明朝的宦官，可是正派多了，並沒有干政欺主。但在傳奇小說戲劇之中，高力士却是奸角。《宋史》官樂史撰之「楊太眞外傳」中就說唐明皇令李白在沉香亭畔爲楊貴妃寫詩，李白借酒裝瘋，要太監高力士脫靴。李白進清平樂詞三篇。後來高力士以脫靴爲恥，向楊貴妃進讒，說李白把她比作趙飛燕（「借問漢宮誰得似，可憐飛燕倚新粧」），其實是侮辱她，因爲趙飛燕很淫賤。後來皇上「三欲命李白官」，貴妃故意作梗，所以李白沒有做成官。當然，這是傳說，不知有幾分是眞實。

　　這人物玉雕的脚雖小，但卻能自己立著，而其站姿，歪歪斜斜，一付鬼鬼祟祟的模樣，他眼睛像是偷偷在看人，邪邪的樣子。他一隻手拿著拂塵，所以是侍者身份，很可能是太監，只是他另一隻手中拿的不是靴，而是一隻鞋。也許是靴大不好雕，就以鞋來代替。歷代詩人很少是玉雕的題材，除了李白。因爲李白是傳奇人物，也是仙，酒仙。余太太范我存就買過一個玉雕的李白送給余光中老師作生日禮物。我想這白玉雕的高力士，應該是一對人物，與他配對的另外一個人物雕，應該是據桌狂飲的李白。

動物雕

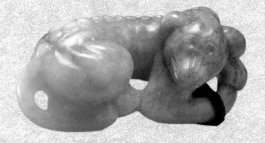

由新石器時代一直到清朝，中國人都喜歡玉雕動物。玉雕很少是以植物為主角的，一直到清朝雕一些吉利詞才會雕植物，如歲寒三友松竹梅，又如佛手果，或寓意「瓜瓞綿綿」的雙瓜。由新石器時代起直到周朝，動物雕大多有宗教意義。如紅山文化的玉蟬是永生的象徵。商朝的熊和鸚鵡很可能是他們崇拜的神祇。我的西周小玉兔，收在我另一本有關玉的書《如玉》之中，也可能與長生之藥有關。由漢至唐則有很多具有神話意味的動物雕，如辟邪、麒麟、天鹿、仙鶴等。其作用應是避凶趨吉吧，或是與道教有關的吉祥物。由唐朝到明朝，則常把日常生活中的寵物愛獸，製成精美的玉雕，戴在身上，可隨時把玩，如駱駝、馬、狗、綿羊、貓、牛、鴛鴦、鵝、鴨等。由明朝到清朝動物雕常是以吉利詞為主題：如雕一匹馬上爬了一隻猴子，其寓意為「馬上封侯（猴）」。雕兩條鯰魚，其寓意則為「年年（鯰）有餘（魚）」。

尺寸 ◉ 4.2×3.3×0.85cm

【雲中仙鶴】

白玉鶴 《唐》

　　這是一件開門見山的唐朝玉雕，「開門見山」的意思就是內行人一看就知道一點問題也沒有的意思。我拿去給高雄市的古玉收藏家羅基煌看，一見他就說：「這是唐朝的，沒有問題。」

　　典型的唐朝玉雕特徵是此玉雕仙鶴下面的雲頭。如果你翻看《中國美術全集・工藝美術編　⑨・玉器》的唐・玉飛天佩（P126，圖227）就會看到類似的雲頭。《古玉精萃》一書中的唐・青玉飛天佩（圖54）也有相似的雲頭。你也許會說，這仙鶴玉雕的工好像不太精細嘛，仙鶴的腳那兒會那麼粗的呢？但是唐朝有很多玉雕的工的確常是粗枝大葉的，你去參照我方才提到的兩個飛天佩就知道了。

　　這塊玉是1990年在香港荷里活道一家小玉店買到的，那時節，每一個愛玉的人都說香港市面已經沒有什麼貨了，但還是給我碰上一件！這件仙鶴買來的時候，玉質發暗，右下角雲頭的褐沁也顯得髒髒的，但是只玩了兩個月，整塊玉變得通透起來，右下角有沁之處玉質變得如水般透，沁色也轉鮮活。只是仙鶴嘴上那一片東西不知何物，說葫蘆又不像葫蘆。這塊白玉鶴大約不是掛在身上的佩，而是擺設，就像在圖中一樣，它是可以自己立起來的。

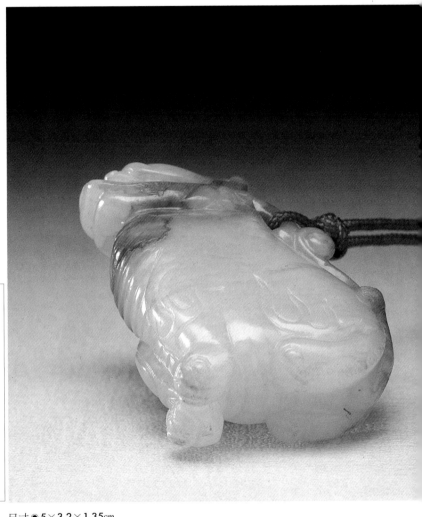

尺寸 ● 5×3.2×1.35cm

17 【金紅的神獸】

天鹿《宋》

這是1990年春，武雄與我在高雄市的政和古董店買的神獸。誰說好的古玉一定要在香港或台北才買得到呢？這神獸的白玉玉質，非常油潤，潤如羊脂。金紅色的沁眩目如閃亮的火焰。至於牠倒底是什麼獸？

是什麼年代的產品？則頗費思量。總之，牠是我中華民族想像力創造出來一隻極美的神獸。

這是什麼神獸呢？牠的特徵是頭上有一個長長的肉角，由牠底部特寫的照片可以看到，牠由胸前一直到腹下都有一層層的甲；牠的前腿及後腿上有火焰紋。我們可以來考查，牠是不是以下三種神獸之一：麒麟、辟邪、天鹿。

麒麟是我們中國神話中最出名的獨角獸。《毛詩名物圖說》的麒麟圖中，牠有一隻獨角，有馬的身子，牛的尾巴，狼的蹄，身上還有鱗片。我這隻神獸，既無蹄，又沒有鱗片，所以牠不是麒麟。你看附圖中有二十個麒麟，沒有一個是像我的神獸。

漢、魏、六朝的辟邪神獸，大多有羽翼，立體雕，姿態威猛，頭上有雙角。我的神獸身上無翼，扁身雕，姿態溫馴，頭上只有一角，所以不是辟邪神獸。天鹿，另一稱呼為天祿，也是漢朝就已經有這種神獸了。天鹿形狀如辟邪，不同的是天鹿只有一隻角，辟邪有二隻角。《集古錄》中說，後漢人宗資的墓前立有二石獸，一為天祿、一為辟邪。再看國立歷史博物館所出的《中國玉器》一書中的唐朝辟邪 (P105)，倒與我的天鹿有相似之處，兩獸之胸前都有甲，兩獸的前腿及後腿上都有上升的火焰圖案。只是那書上神獸的頭上有兩角，我的只有一角。而且我的神獸風格比較纖麗，不像唐朝的動物雕比較威猛。所以我把我這隻神獸判斷為宋朝的天鹿。牠的腳爪，五個爪子雕得一絲不苟，非常有力，表現了宋或宋以前爪子的特徵。天鹿與辟邪一樣，都有驅走邪惡之氣的作用。武雄很喜歡這隻天鹿，他有時候佩戴牠。

◆附圖

尺寸◉6.3×2.9×2.4cm

18

【脊骨外露】

白玉瘦狗 《唐宋》

　　這是1992年初在高雄市念聖堂買到的玉狗。當時因爲還沒有盤過，哪裏有照片中那麼潔亮呢？牠那時灰頭土臉的，一點也不潤。武雄却慧眼識英豪，一眼就看中這隻玉狗。大概是因爲我有一隻眞狗，屬大麥丁. Dalmatian 斑點狗，活潑可愛，善解人意，武雄心中羨慕，也想要一隻屬於自己的狗，所以他挑了一隻玉狗。武雄盤了兩個月以後，他手常摸到的鼻子、耳朵和尾巴，都變得通透起來。狗也變活了。

　　這隻狗具有唐末宋初狗玉雕的特色：即奇形怪狀的長眉毛、小凹眼、猴臉、加上背部鏈珠狀凸起的脊椎，好像骨頭長在皮膚外面一樣，這些都是唐宋狗的特徵。1983年香港第八屆亞洲藝術節就展出過一隻形制完全一樣的玉狗，收在《中國玉雕》一書之中（P146，圖135）。他們的狗是灰白玉質，我們的狗是非常潤潔的白玉種，沁色也是很好看的棕紅色。我們這隻玉狗的姿勢也具北宋工藝品的特色。它頭回過來，雙爪相搭的姿勢是北宋銅塑動物及北宋俑的特色。所以我把這隻狗的年份定在唐末宋初。

　　整體來說，這隻玉狗的姿態非常活。你看牠大腿的肌肉，呈三段隆起，大概是此玉狗之原身，北宋的那隻模特兒狗，是一隻長跑健將，肌肉健美。而且牠是一頑皮狗，正對你抿著大嘴搗蛋地笑。看牠的尾巴，玉質多晶盈，多麼有力地向內盤著，好像隨時會彈開，擺動起來歡迎你。

尺寸◉**5.3×2.9**cm

19

【絕美的脊線】

盤尾狗 《宋末》

　　1988年七月我在香港品珍堂許先生那兒買到這隻灰白玉狗的時候，並不怎麼喜歡牠。牠的顏色灰暗，腳上和下腹還有黑污的沁色，髒兮兮的，很不討人喜歡的。但是我仍把牠放在書桌上，不時用手來盤盤牠，希望牠會變好看些。沒想到幾個月以後，牠完全改觀，玉質開始轉潤，不再灰暗，而且發出寶光。腹部和腳爪上也出現絲絲黃沁、紅棕沁。還有，牠很耐看，愈看愈美。

　　雕工最突出之處是牠盤捲的尾巴，是完美的螺形，活的一樣，隨時會彈直。那條脊線弧形很流暢很美，精確而有力。狗臉好可愛，一雙秀氣的鳳眼，還裂著牙齒笑！由底部的特寫照片可以知道，爪子也雕得不錯。凡是玩玉有點道行的朋友一見到牠就會驚呼一聲：「啊！宋狗！」原來牠分明的脊線、成螺尖狀的尾巴，那一排肋骨，都是宋代玉狗的特色，牠體形抽象的成分少，具象的成分多，所以我把牠定在宋朝末年。

　　此外，牠與我養的狗麗帝Lady非常相像，我的狗屬大麥町斑點獵犬，淘氣大王，也是一雙鳳眼，耳朵與玉狗的大小比例上相若，塌塌地；也很愛裂齒而笑。林文月姐逗我說：「你家的麗帝，是水銀沁。」

　　她說得真對。麗帝身上的圓形黑斑，倒真像水銀沁。如果我這隻宋朝玉狗身上也有水銀沁，麗帝就是牠的翻版了。

尺寸◉5.7×4.1×1cm

20

【圖案化的線條】

白玉鵝 《宋》

　　1992年一月高雄的寒舍古董店結業大減價，我約了范我存一同去看。原先看中一匹玉質極美的四足獸雕，但打了折扣也要十五萬元，雖說我前一年得到國家文藝獎，還沒有買一件高檔的好玉器來慰勞自己，但總覺得這小小一件的四足獸好貴，於是我坐下對著牠看，看了四十分鐘，終於瞧出一點問題來了。牠有一隻腳似乎比其它三隻腳短了一小截，可能是斷件，經高手修改過，我因此打消了買意。

　　於是我開始看別的玉件，終於見到玻璃櫃中這隻白玉鵝。玉質略帶淡黃，但相當潤，橙紅的土沁，非常艷麗。翅膀與尾巴都不是寫實的雕法，而是抽象的、圖案化的。鵝身上還有四個精確的透雕洞。整體來看，由圓弧形的線條組成，非常流麗。這白玉鵝很可能是宋朝的作品，最晚也是明初。根據Chinese Jades from Han to Ching一書說：「宋代玉雕的一個特色是組合了以下兩個因素：整體有力的設計與精密切刻的裝飾圖案。」（P94）我這隻白玉鵝正是這兩種因素的組合。

　　這白玉鵝可以作佩件，因為鵝的下巴與翅尖處的兩個圓洞都可以穿繩。也可以是擺飾，下面加個嵌座，則是很美的擺件。我很快就決定買這隻白玉鵝，寒舍的價格固然很高，但以五五折買到也算是合理的價位。

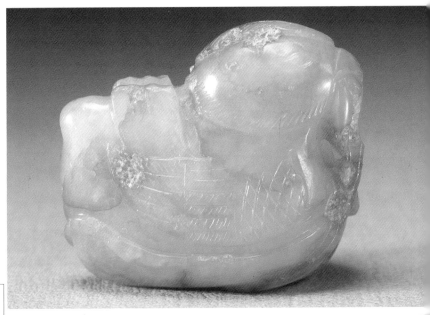

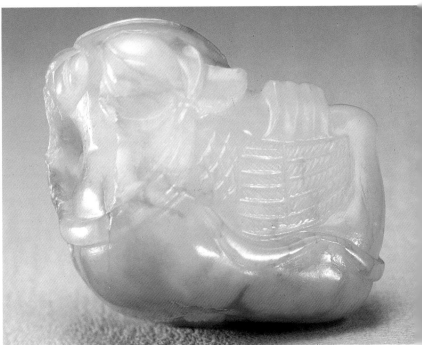

尺寸●3.5×1.9×2.9cm

21

【名堂多多】

靑白玉鴛鴦 《明》

　　別看這隻禽笨笨一團的樣子，其實是件寶。那是 1988 年一月我在香港永吉街以便宜的價錢買來的一件小東西。後來我請敎香港大學我的同事，在藝術系工作的馮太太，因爲她古玉方面豐富的知識，我才認識了這名堂多多的靑白玉禽。

　　第一、牠是什麼禽類呢？由牠頭頂的長冠毛，還有下巴厚厚的一圈羽毛，可以知道牠是鴛鴦，牠坐在一片荷葉上，嘴上銜一枝荷花。

　　第二、如果你用十倍的放大鏡仔細研究牠，就會知道牠的雕工非常細緻。冠上的毛與下巴的毛，一根根很整齊，翅膀的羽毛線條及圖案，也是精確而有力、一絲不苟。牠向上翹起的翅膀，還形成三道整齊的弧槽。這些雕工的精微之處，都是馮太太敎我看的，她斷定此鴛鴦的年代是明朝。

　　第三、這隻鴛鴦身上有三種沁色。第一種是鮮黃的黃香沁，遍佈牠身上。第二種是「土咬」，玉在土中起化學作用，侵蝕了玉質，形成小坑洞，在荷葉梗上、鳥冠下方、及翅膀上都有土咬。你再看此玉禽的荷葉底座，那不太通透、橙黃色的部分，叫「坐土沁」。土質壓入玉質之中，起了鈣化作用。一件玉器明顯有三種不同方式的沁，也是少見。我對沁色的研究，是得自郭豫倫老師的敎導。

　　在Chinese Jades from Han to Ching一書中也有一隻明朝的鴛鴦（P98，圖84），形狀與我的相似，也是一隻口含荷花的鴛鴦，也是雕工很精確的翅膀，眼角一樣有一條尾線。鴛鴦是明朝常見的禽雕。鴛鴦當然是指合好之意。「荷」又是「合」好的諧音。我想在明朝這種玉鴛鴦大約是婚嫁的禮物。

尺寸●3.6×3.4×1.5cm

22

【人見人愛】

黃玉小鴨《明》

　　這是我1989年春在香港品珍堂向許先生買到的玉鴨。玉質是和闐玉中的黃玉。黃玉是一種玉質很細密，但不太通透的玉種，不一定是純黃色，也有淡綠色的。有年份的黃玉很潤。近十年來大陸出了黃玉礦，市面上也出現了新雕的仿古黃玉件，但是生生澀澀的，沒有古代黃玉的滋潤和光彩。現在凡是碰到黃玉件，你都要小心。仿古黃玉件方上市時，我都上過一次當，買了一支仿古鐲子。

　　凡見到這隻小鴨子的人，尤其是女性，都會驚喜地說：「好可愛的小鴨子！」

　　牠可以在你掌上游泳，你的掌心是一個小池塘。細看之下，牠不僅雕工精緻，而且姿態很秀美。翅膀的雕工當然很細，線條柔美。帶蹼的雙腳也是浮雕。可喜的是牠還有一雙小耳朵，並且臉兩面都有個小酒渦。酒渦是明朝禽雕的特徵，因此這小鴨應該是明朝的作品。

　　牠的身子不是平直向前，而是微向左側，有如朝旁邊游去一樣。最可愛的是牠翹翹的小屁股，而且那個部位的黃色竟還特別鮮艷！此外，牠身上有各種顏色分散處處，有幾個小黑點，那是玉質原有的顏色，在玉塊的裏頭。身上還有黃香沁，尾部還有兩個地方有朱紅色的小點沁，應該是名貴的朱砂沁。

尺寸 ◉ 5.7×4.8×0.6cm

23

【非我莫屬】

白玉鵝佩 《清》

買玉的經驗令我領略到，玉有玉緣，如果是屬於你的東西，別人見都見不到，別說買了。可是你不但見得到，還一定買得到。那就是命中注定非你莫屬。

1988年我仍在香港大學任教。北京大學五月四日的校慶辦了許多學術研討會，其中之一為比較文學會議，我應邀去演講。會開完我抽空去了一趟琉璃廠。琉璃廠不是什麼玻璃工廠，而是由明朝開始，北京的古董市集。近年來，中共為了發展觀光事業，把舊店面改建為古香古色的建築。我在香港尚未出發之時，幾乎所有玩玉的朋友都告訴我：琉璃廠沒有什麼東西了，別去了！現在大陸上限制古物出口，只准賣近百年的東西，這種公開的公家店根本就沒有什麼貨。不過我一位朋友袁紹良醫生說，他以前在北京的時候認識一位琉璃廠的女經理，叫我去找她。

我找到了琉璃廠那家店，當真玻璃櫥中只放了幾件仿古的次貨。剛好那位女經理也在，中年的幹部，臉上是北方女性剛硬的線條。我提了袁醫生的名字，問她「裏面」有沒有古玉件可看，她點點頭，拿出四、五件來。我還是看不上眼，這類貨在香港的古董店中比比皆是。她見我不滿意才說：「好罷！我們有一兩件東西，不拿出來的，因為賣了就沒有貨了。不過你是袁先生介紹的，給你看看好了！」

於是她拿出這白玉鵝佩來，我一看，眼睛一亮！牠是極珍貴的羊脂白玉種。明明是清中葉的東西，店中卻標成清末之物，如果鑑定沒有出錯，我也買不到。整體看來，這鵝像是天鵝湖芭蕾舞劇中的白色天鵝，牠把喙藏在身上，柔美而羞澀。牠翅膀的圖案雕得極精細，用減地雕法形成凸紋，共五排羽毛。身上還有一些小小的、凹下去的沙坑沁。牠下巴還有一點美人痣。

回到香港，袁醫生一見此白玉鵝佩，驚艷之餘，也動了買玉之心。後來他去過幾趟北京，次次都去找那位女經理，但是再也沒有見到這麼美好的玉件。其實我應該謝謝袁醫生，這塊白玉鵝佩可以說是他送給我的。

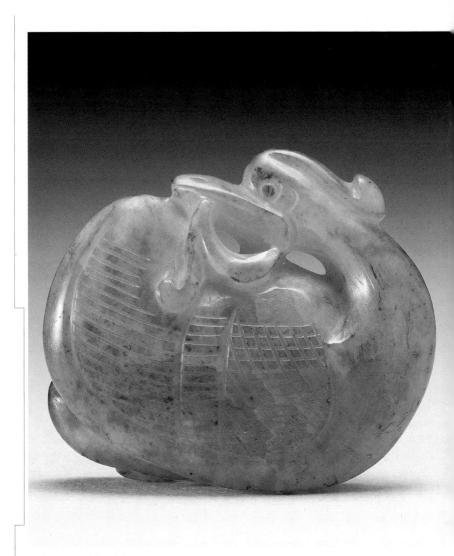

尺寸◉4.6×3.9×1.6cm

24

【北市烤鵝】

白玉鵝 《清》

1984年余范我存隨余光中老師由香港回高雄市定居以後，在香港我仍有兩位玩玉、逛玉市的好友，就是中文大學代教務長胡玲達與台大到港大客座的師兄何佑森教授。他們兩個人都有一種奇怪的習慣，就是買了白玉件回家，他們就把玉件放在鍋中用沸水來煮，認爲這樣能把白玉中的雜質煮出來。胡玲達甚至在沸水中加漂白水，她相信如此玉會更亮麗。我很不同意他們的做法。玉是很寶貴的東西，誰知道用高溫處理會對它造成多大的傷害呢？

話說1989年何佑森在香港買了一隻雕工和玉質都不錯的清朝白玉鵝。回到台北，拿出來給他太太李大平觀賞，二人興致勃勃地在廚房用一鍋水來慢火煮白鵝。然後兩個人就在客廳中喝茶、聊天。他們夫妻感情很好，一向有說不完的話，說到時光如飛，說到後來他們聽見廚房傳來噹噹聲，像遠處傳來的鐘聲。他們趕進廚房，老天！水早就煮光了，鵝在紅黑如碳的鍋底燙得直跳。白鵝已經烤成黑鵝，焦了！

1990年我到他們台北的家中去玩，看見他們客廳書桌上放了這隻玉鵝，乾巴巴的，褐黑色。一問之下，原來這苦命的鵝有這段悲慘的經歷。我問師兄能不能給我帶回去研究，他很快地答說：「送給你！送給你！」

這烤鵝一定令他心痛，眼不見爲淨。拿回高雄我家，偶而盤盤它，竟也變得通透起來，且有各種深淺的棕色出現。原來火烤的白玉，不必染色，也會出現各種顏色。但它身上到處是裂痕、傷痕，好可憐的一隻白鵝！奉勸各位玉友，千千萬萬不要用滾水煮白玉！切記。

尺寸 ● 5.8 × 3.7 × 1.8cm

【喜報雙慈】

茨菇和喜鵲《清》

　　這是我1987年夏在九龍油麻地天橋下的玉市買到的一件青白玉精品。皮殼很好，玉質爲潤潔無瑕的青玉。雕工精美，你看，兩個瓜的上端那弧度多準確，那透雕多完美；還有在放大特寫的照片上，那隻小鳥雕得多活，正在飛呢！

　　可是這玉件的寓意爲何呢？爲什麼兩只瓜上雕一隻小鳥呢？直到我看見香港市政局出的《中國玉雕》中的清朝「喜報雙慈」白玉雕（P300，圖290），才知道是怎麼回事。原來那兩只瓜是「茨菇」，那隻鳥是喜鵲，我的鳥那尾巴齊頭而平，的確是喜鵲的尾巴。「茨」與「慈」諧音，兩隻茨菇就是「雙慈」，故此玉件寓意爲「喜報雙慈」，就是有喜訊報給父母聽，生個兒子好讓父母開心。中國人眞注重傳宗接代。茨菇是什麼植物呢？又名「慈姑」、「茨菰」，是夏天生在池沼中的植物。

　　茨菇和喜鵲的比例肯定是不對的，如果是像玉件那樣，茨菇豈不大得像西瓜？但小喜鵲雕得眞可愛，它翹著小尾巴，身上還有黃香沁，可見入過土。這玉件也大小適中，方好放在掌中，盈盈一握。

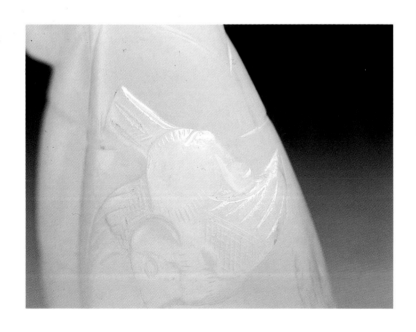

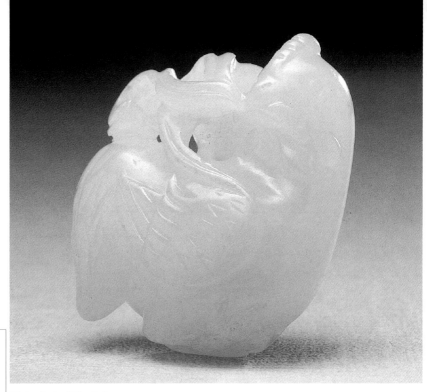

尺寸●3.4×3.7×1.8cm

26 【吉慶】

白玉雞《清》

　　這隻白玉母雞是1987年在油麻地天橋下的玉市買到的。玉攤玉市本來是在九龍廣東道兩旁，由中午擺到下午。約在1986年香港政府把玉攤集中到天橋下，不但合法化後政府可收攤位租金，而且成爲旅遊指南上的觀光區。玉市大部分的攤位賣翡翠，小部分攤位賣古玉，一大堆仿古玉中，偶而會出現幾件不錯的東西，但是1990年我由台灣去香港，到天橋下的玉市逛，就一樣好東西也看不見了，大概是貨源少了。

　　這隻玉雞是上好白玉雕的；雞眼睛、爪子、翅膀和尾巴都雕得很精美，最精彩的是母雞嘴下垂的肉球，唯肖唯妙，玉雞口中啣的是一枝纍纍碩碩的稻穗，難得的是穗枝是相當精緻的鏤空雕，那一顆顆穗也刻得很細。「雞」與「吉」諧音；稻穗應是「慶豐年」之意。故此白玉雞之含意應是「吉慶」。

【母子情深】

青白玉雙馬 《明》

這是1990多我去香港，在嚤囉街一家玉店買到的青白玉雙馬。方買回來的時候，沒有怎麼注意它，不但因為它相當小件，也因為其雕工不怎麼精細。但回高雄以後，仔細研究它，倒是越看越有味道。

第一‧先看它玉質，它不是普通常見的青白玉種，而是微帶淡藍，很通透的上好玉種。

第二‧看它皮殼和沁色。皮殼風化得很均勻，可見有相當年份，且有兩種沁色，即鮮黃的黃香沁，和棕紅的土沁。土沁見左下方，在母馬的尾巴上。

第三‧看它雕工，它不像清朝的雕工是以俏真為主，那麼精雕細琢，而是寫意而鮮活。你看母馬股部和大腿的肌肉雕得多有勁，你看母馬的尾巴，隨意幾刀，却呈現擺動的姿勢。你看母馬整體回頭的姿態多自然，牠正親著牠孩子的臉。由這種神似的雕工可知，這雙馬不是清工，而是明朝的作品。

尺寸 ●4×1.9×2.6cm

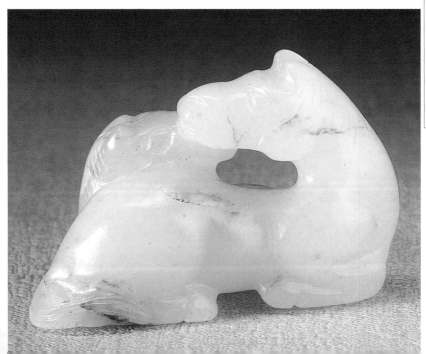

尺寸 ● 5×3.3×1.2cm

28 ## 【喜報麟兒】

麒麟和喜鵲《清》

　　這是1992年初在高雄市的賣老堂高先生那兒買的動物雕，是因為雕工好而買的，當時覺得它青白玉的玉質馬馬虎虎，不夠潤，不夠透。但是玩了、盤了一個月，它的玉質轉潤，原來淺黃的沁色，轉為棕黃，大腿部位原來沒有沁色，也出現一些黃沁了，是黃香沁。它的雕工倒是很精美。那動物突起的雙眼、它兩支角，它的尾巴，都雕得精細；它的翅膀翹起，在動物與鳥之間的鏤空雕也非常精緻，是清朝一流的雕工。

　　這玉件的一獸一鳥的寓意是什麼呢？此獸有翼，且有雙角，應該是辟邪。但麒麟與辟邪在漢朝與魏晉六朝，兩者分得很清楚，到明朝清朝，已經界線不明了。所以可以把它當作麒麟。那隻鳥的尾巴，是長而齊頭的折扇尾，所以是喜鵲造形，那頑皮的喜鵲還一口咬住麒麟的翼尖呢！這就是那位雕玉師傅的創意了。這玉件的寓意很明顯是「喜報麟兒」，是清朝賀人生兒子的禮物。我的朋友建築家郝庚寅很喜歡牠，我就讓給了他。

【年年有餘】

鯰魚 《明》

　　這玉件雕的是一隻鯰魚，口含一支靈芝。我為什麼把它定為明朝的玉件呢？第一、它的玉種白中微帶淡黃，是明朝常用的玉材。第二、它並非是清工的那種精雕細琢，但整體看它，非常鮮活，你看這魚曲著身子，好像正在蠕動呢！你看這魚瞪著一雙大眼睛，頑皮地瞪著你呢！所以我認為應該是明朝的玉件。

　　鯰魚是什麼魚呢？它又稱鮎魚，我看到《中文大辭典》上的鮎魚圖，就是這玉魚的樣子。英文叫 sheatfish。其體積有大有小，體長一尺至四尺不等。最奇特的是它全身無鱗，身上有黏質，黏黏糊糊的，我想這是牠叫鮎魚的原因，「黏」也。牠的身子長長，鬚也長長。牠像鯉魚一樣，也喜登高，常常在古時竹製的水堰之下，往上跳，故有「鮎魚上竹」的成語。但玉雕以鮎魚為主題，不是因為這個成語，也不是因為鯰魚味道好吃，而是因為諧音寓意之故。「鯰」與「年」諧音，「魚」與「餘」諧音，故此玉件之寓意為「年年有餘」，表現了中國人凡事遠慮、留後步的性格。至於牠口含靈芝，則是因為靈芝仙草食之長生不老，有祝壽之意。

尺寸 ● 5.5×4.3×1.8cm

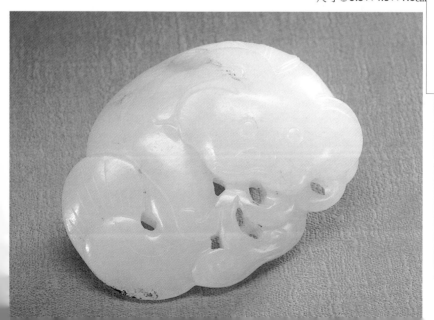

尺寸 ◉ 6.2×4.8×1.6cm

30

【多子多孫】

松鼠和葡萄 《清》

近一、二十年來，在文化界，女性主義興起，處處打破傳統男女個性有別的神話。譬如說，大家都相信，女人比較喜歡細巧和秀氣的東西，男人比較喜歡粗獷、有份量的東西。女性主義者認為，男人女人有這些不同的傾向，全是後天環境造成的，教育造成的、社會習慣造成的，不是天生的。但是我覺得，不管我是先天的、還是後天的，我都有所謂女性的傾向，就是我的確是比較喜歡細巧而秀氣的東西。這件白玉松鼠葡萄是我1989年夏在香港荷里活道蕭祖芳那兒買的。

我並不特別喜歡這玉件，因為它比較大件，也因為它的雕工比較粗枝大葉。但是它玉質真不錯，尤其是松鼠身上，白膩油潤到可以斷定這一部分是羊脂白玉了。那時即將離開香港了，就不管三七二十一把它買下來。我固然不特別喜歡它，但許多男性朋友，不管懂不懂玉，都會對它愛不釋手。覺得這麼厚重一塊玉，夠份量！吳建國夫人成樹芬一見這塊玉就很羨慕地讚好。我想雖說成樹芬的外貌嬌美，可是她內心必然有賽過男人的胸襟。

松鼠與葡萄放在一起，寓意是什麼呢？我也見過好幾個這種形制的玉件。松鼠據說是繁衍力很強的動物。葡萄的話，一串就很多葡萄，很多葡萄子，所以松鼠與葡萄放在一起的藝術品，其寓意應該是「多子多孫」。

實用器物

這個類別所收的玉器，是古代中國人生活中實際用到的玉雕器物。它們不是只供觀賞、把玩的玉器，也不是宗教意義濃厚，專供寄托信仰的禮器、祭器或喪葬玉。例如說由戰國一直到六朝都有的劍飾，即是裝在寶劍上的玉飾，雖説稱它爲「飾」，但寶劍是實用的，帶在身上，打仗不一定用這麼貴重的寶劍，但是大臣在隆重典禮中則要佩戴，所以劍飾是實用器物。又如玉杯、玉碗、玉碟，今天看來非常貴重，想當年必然是觀賞用、或作擺設用，其實非也。在古代，皇帝、王公貴族，生活上當然用最貴重的器皿，他們吃飯喝茶，就常用玉杯、玉碗、玉碟，所以它們是實用器物。其它收在此集中的實用玉製器物還有玉製的圖章，由戰國到今日兩千多年，都有玉製的圖章、還有玉鼻煙壺、玉花熏、玉鴉片膏碟等。

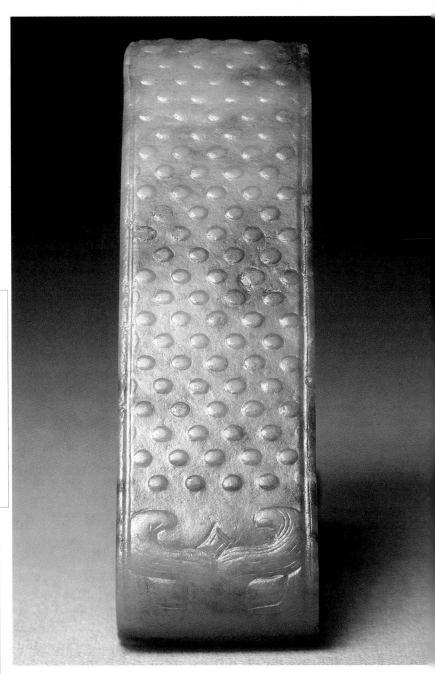

尺寸●9.9×2.5×1.35cm

31

【牛角獸神】

獸面乳丁紋璲《漢》

　　香港斜斜的擺花街上，有一家聚寶堂，那老板看起來年紀輕輕的，一張學生臉，生意却做得相當大。但他對我算很有耐性，我一個教書老師，太貴的買不起，買了不喜歡又會去換，但他不太介意。1985年底在他店中買了一個立體動物雕：一隻白玉馬，但回家後看來看去總覺得不夠精緻，過了幾天，我又去聚寶堂，看見這件劍飾，我知道它叫璲（音「衛」），是戰國到六朝寶劍上四種玉飾之一，見附圖中，那四種劍飾叫「劍首」、「璏」，「璲」、及「珌」。璲是裝在劍鞘上用以穿皮帶好繫在腰上用，你看此劍璲背面就有一個長方形的穿孔供皮帶穿過。

　　當時我被這劍璲的色澤迷住了。象牙色的玉質非常肥潤。紅褐色的土沁鮮美可人，在其反面圖的上端，那玉的質地是半透明的，應該是已經開始質變，轉通透了。於是我與老板談好價錢，說拿白玉馬來換，他也不在乎。於是我以很合理的價格買到了這個劍璲。這時我買玉兩

年了，開始開竅了罷，憑自己逛街瞎貓撞老鼠，憑偶而請教幾位懂古玉的朋友，竟然走上正路，買到真正的好東西！

　　當然，戰國與漢時期，不是每一把寶劍都鑲嵌這四種玉劍飾。鑲了劍飾的寶劍叫「玉具劍」，在當時非常珍貴。是皇家及王公貴族收藏的至寶，像是漢時南越王的墓中共有劍十把，其中只有五把玉具劍（《南越王墓玉器》P46）。在當時，也是天子賜給藩王或功臣的重禮。

　　我這劍珌是一件漢朝之物，符合《古玉精英》上的描寫：「長約八至十厘米，表面微隆起，呈優美的曲面，上、下端都出頭，上端短而內捲，下端長而斜垂」(P165)。我這個漢珌的身上有工整的乳丁紋，在其一端有一典型的漢朝獸面，此獸面常出現在漢朝的劍飾及雙層璧等之上。它有一雙近平行四方形的杏眼，牛角一樣翹起的眉毛。不知是漢朝的什麼神祇。珌身上雕了整齊的乳丁紋，東漢的玉器上，比起西漢的玉器，乳丁紋出現的比較多，因此這劍珌應該是東漢時期的，不知是東漢哪一位將軍的寶劍上嵌的劍飾呢！

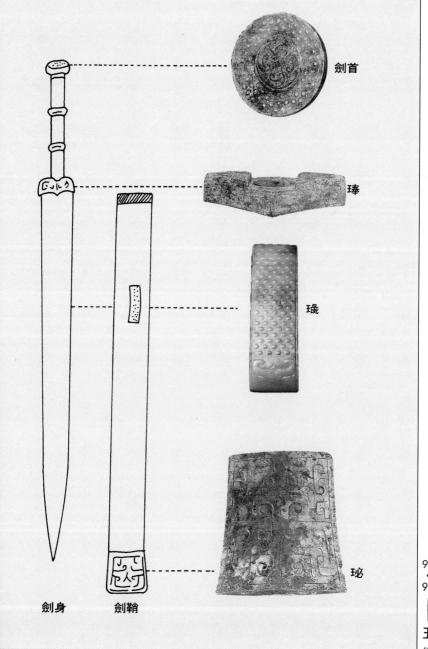

劍首

琫

璏

珌

劍身　　劍鞘

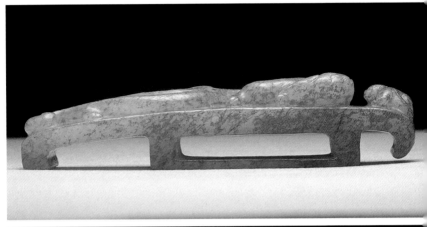

尺寸●9.2×2.1×2.1cm

32

【作勢欲起】

釘金沁母子螭璜《漢》

　　這是我在1989年春在荷里活道揀到的寶貝。「揀到」不是指白白揀到，而是以低於它應有價格很多的意思。這是一個年輕的潮州人開的店，他大概方入古玉這一行不久，這璜很有可能是由大陸走私到澳門來，而這位潮州人在澳門用低價買到入貨，他大概認為賣我那個價錢就已經賺不少了，其實他的價格還是訂得太低了。所以我只裝樣子與他稍稍還了價就買下來。這就是內行人可以欺負外行人的地方。

　　漢朝的璜在市面上並不少見。但這一件的玉質和沁色卻非常珍貴。玉質像是冰糖一樣，半透明的，是一種極堅硬的玉質。它原來的玉色是白玉，入了土上千年起了質變而轉為半透明。璜上的沁色褐中帶紅，每一絲、每一點沁色都凹進去，吃入玉之中，這是一種珍貴罕有的沁，叫釘金沁，如果玩多了，顏色會轉為血一般的鮮紅。

　　這璜上面雕的一對像蜥蝪的不叫龍，傳統稱之為母子螭（音「吃」）。什麼是「螭」呢？《說文解字》中說「若龍而黃……無角曰螭」（第十三篇上）。另一種說法是螭是指龍之子，或指雌龍。這璜上的神物，如同漢朝其他璜上的一樣，是只有一隻角的。不知在漢朝，是稱它為「螭」、還是「蛟」、還是其他名字，不過自元朝以後，就稱為「螭」。由其形象而言，應是一對母子龍。鄭方振告訴我，這璜應該是東漢時期的，西漢的螭多是有一張貓的臉，兩只花瓣一樣的耳朵。而我璜上的螭沒有耳朵，倒是小眼睛，長著長睫毛；是東漢螭的形象，所以他斷定是東漢的璜。

　　這兩條螭的雕工並不細緻，但却氣韻生動。何佑森師兄的太太李大平說，她面對這兩條螭，看著看著心中會害怕。有時我晚上入睡前，放在床頭把玩，注視著牠扭曲的身子，牠好像動了動，作勢欲起，也許晚上我的魂魄會騎著母螭去遨遊漢朝的江山。真的，漢朝的藝術品是具有生命，活的！

尺寸◉5×5.5×1.6cm

33

【氣勢如嶽】

素珌 《戰國》

　　不管你知不知道這玉件是什麼器物，我想你都會被它簡單而有力的形象鎮住，它有如山嶽般地聳立，氣勢恢宏。這件玉器叫珌，是鑲嵌在玉具劍的劍鞘下端。它是我生平第一次參加古董拍賣拍來的。是1990年五月在香港的半島古玩藝術品拍賣行拍到的，那次一共拍到兩件東西：這件珌和一個白玉黃香沁龍帶鉤。滑稽的是，賣主根本不知道這珌是什麼器物，在介紹的卡片上寫的是「古錢」！老天！這麼大一塊古錢怎麼攜帶上街買東西呢？可見賣的人完全不懂古玉。他標的估價也比應標的價格低，而武雄與我是用比他最低估價還要低的價格標到，好爽！好爽！而且拍賣時競標的過程也非常有趣。因為過程與標買那個白玉帶鉤相似，而我又在《如玉》一書中把武雄與我運用心理戰術與賣主對抗的經過說得很清楚（見《如玉》書中25號「威風凜凜——龍帶鉤」），所以在此我就不重覆了。

　　為什麼我把這珌判斷為戰國時期，而非漢朝的呢？因為它有三個戰國珌的特徵；第一、它是高身的，漢朝的珌比較矮身，就像本書下一件34號的水銀沁穀紋珌，那就是漢朝的、比較矮身的珌；第二、這珌的表面打磨得非常平滑，像玻璃一樣會反光，俗稱「玻璃光」，戰國玉器是有這麼高超的打磨工夫；第三、戰國的工精細而鋒利，它的造形之美在於珌之兩面不是平的，或單純的弧形，而是像船身，或像拖地裙一樣有凹有凸的精美弧度，而且它上下左右側每一個邊緣都非常銳利，幾乎利到割手了。以上都是戰國玉器的特徵，所以我這珌肯定是戰國的。

　　它上面有正打、側打共三個洞，用以把它固定在劍鞘的下端。這珌原來的玉色應該是白玉種，那片片橙紅應該是沁色，而黃白的部分是生坑，即古玉方出土時的乾澀顏色，盤多了會轉為橙紅。想當年這把玉具劍應該是戰國七雄之中，其中一國王子的佩劍，像信陵君一流的人物，高大而魁武，要不然也佩不動這麼重這麼大的一把寶劍了。

尺寸◉2.05×4.3×2.1㎝

34

【確實的証據】

水銀沁穀紋珌 《漢》

　　這是我的玉友范我存擁有的寶物之一：漢朝的珌。她是在高雄市星期三的玉市買到的，誰說玉市上買不到高檔的貨呢？那位胖敦敦的陳先生手頭常有好東西，他是台北下來的，但是並非時常下來。

　　范我存買到這件寶貝就拿來給我看。我們倆對珌上那截溶化得變了形的鐵，呆望了許久。我心想，珌不是固定在劍鞘的下端，而劍鞘應該是皮革製的，怎麼珌上面會貼一塊鐵呢？且是溶化得怪形怪狀的鐵？范我存對我說：「鍾玲，那是劍身啊！」　我恍然大悟，對，這玉具劍陪葬的時候劍身是入鞘的，兩千年下來，鐵的劍身開始生銹，與泥漿混在一起，灌在珌上，凝在珌上。這鐵塊是最確實的証據，証明這是一件真古董。此外，這溶鐵也証明了玉的持久與永恆。你看啊，這劍刃曾是殺人的利器，鋒芒畢露，如今只是一堆爛鐵。兩千年下來銹不成形。而下面的玉器，非但沒有爛、沒有壞，受泥土的壓逼，受礦物及地下水的浸蝕，出土以後，人工的藝術，加上天然的沁色，它只有變得更美麗，相形之下，玉器不是更持久永恆嗎？

　　范我存這塊珌的玉質是和闐白玉種，上面的黑色，應該是水銀沁，據說漢以前的古墓中常灌有水銀，大概是古人相信水銀具有幻化的魔術力量，因為粉狀的汞會變得出像銀子一樣的水銀，而且相信水銀有保持屍身不壞的功能。此珌上刻的是穀紋，萌芽穀紋，每一顆穀子都已長出一個小尾巴，表示大地生生不息的力量，預兆將來穀物之豐收，國富民殷。而一顆顆萌芽穀都雕得豐圓飽滿，是一流的工。

尺寸 ◉ 2.8×9.5cm

35 【金字塔形】

水銀沁方形器 《西周》

　　這個金字塔形的小玉件是1992年四月在高雄市的玉市買的。不知它是個什麼名堂？中間打了個圓洞，可能是用來穿銅桿用的，也許是一實用器物上的玉件。它的原質是很好的白玉種，我盤了它一下，露出一些晶盈透剔的白玉。玉身上遍佈水銀沁，而週身的皮殼也非常好，風化的程度也很高。它的方形及層層的階梯看似工整，其實不工整。如那方形，看似方形，其實是個長方形。那洞打得看起來很直很圓，仔細查看，一邊洞口的圓比另一邊的大許多，這洞是漏斗形的。而且也不是完整的圓。打得又圓又直的洞是戰國以後才開始有的，因此這小玉件應該是西周時期，甚至是更早的。這塊玉的一面呈三層階梯的金字塔，背面則是平的，由背面上看來，倒是有點像一個方璧。新石器時代的紅山文化與龍山文化都有方璧（見《中國美術全集・工藝美術編　⑨・玉器》，圖2及19。）

尺寸 ◉ 3.7×1.65×0.7 cm

◆印文

【香艷的名字】

36

飛燕玉章《秦漢》

這是1986年春，我在香港向一位老先生買到的古玉圖章。上面的印文是非常香艷的名字：飛燕，是不是漢朝的禍水美人趙飛燕的印章呢？那還得考。別看圖片上的玉印那麼大，它其實非常之小巧，只有三公分多長呢。可見它經得起放大，因為它精美，因為它古樸的緣故。它身上的沁，深棕色，斑駁縱橫，非常古雅。玉質也是很好的和闐白玉，因入土年久，玉質已開始轉為通透。

那麼這到底是什麼時代的圖章呢？這種長方形高身印的時代可很早，秦朝就有這種形制的印。秦朝的私印中就有一個也是高身的，上面的小鼻鈕，跟我的一樣，也是幾乎成一個洞圓，其印文為單一字「敃」（見嚴一萍作《篆刻入門》，上冊，P37），應是某人之名字。那個「敃」字印文是方形的，我這個章子，印出來是長方形的。如果這飛燕章是秦朝的印章，則是一個半通印。在秦漢之時，規定官位小的小吏用半個章子，即印出來是長方形的半通印文。而秦漢之時，姓名的私印常用半通，但不一定表示地位之卑下（見林素清作《篆刻》，P29）。

這個飛燕是誰呢？首先，要決定這兩個字是入土以前刻的，還是出土以後才刻上去的。考查之下，印底平面上的風化情形，與飛燕二字陰文溝壕中的風化情形是一樣的，可見是入土陪葬以前，就已經刻好字了。就字體而言，飛燕二字都是小篆，相當娟秀的小篆字體，秦漢都可能用到。所以這位飛燕可能是秦朝一位貴族的掌上明珠。但也不排除這個小巧的古印之女主人就是趙飛燕，雖然她後來迷惑了漢成帝（紀元前32～6年），專擅後宮，立為皇后，當初她也不過是地方官府的官婢（見《漢書》外戚傳六十七下，師古之注），在她還沒有發跡之前，也可能是我這個飛燕章的主人啊！

尺寸◎4×1.7×1.3cm

◆印文

【司馬之印】

瓦鈕連珠印 《秦漢》

37

1992年三月我飛去台北開國家文藝基金的翻譯獎評審會議，會開完了，距上飛機回高雄還有一點時間，就去光華商場逛，看到這個古印。

它一邊開窗之處，露出晶盈的玉質，原來應是白玉，因爲入土年久，已開始質變，轉爲淡青色，那沁色則鮮美如柿子紅。印的大半邊沁蝕成深棕色，富斑駁古樸之美。一看就知道是漢以前的古印，與店主一談好價錢我就買了下來。

考據這個古印眞是大費周章，爲了解答以下六個問題，我翻了好多書。

1.就玉件之雕工技術而論，應是什麼年代？

2.這種形制的印是什麼時候有的？

3.「司馬之印」四個字是不是後來刻上去的？而非印章原有之刻字？

4.「司馬」是什麼朝代的官位？職責爲何？

5.「司馬之印」這種官印是什麼朝代用的？印文是什麼字體？

6.玉質的印章是否是什麼人都可以用？什麼地位的人才准用？

㈠論此玉印的雕工，先看打的洞。洞是由兩邊打進去的，中間還對不準，形成一個月芽形的台階，這種打洞方式應該是在漢朝之前。《古玉精英》中一漢蟬之鑽洞亦如此（見P153，圖72）。

㈡這種兩個方印連起來的叫連珠方印。連珠印早到戰國就已有了。林素清的《篆刻》（P33）中就有一個三個印的連珠印，是戰國的印，印文爲上口鉢。我這連珠印上把兩個方章連起來的部位叫鈕，這種形制狀如覆瓦，叫「瓦鈕」，瓦鈕肯定是在秦朝就有了，見《篆刻》一書的秦朝「中行羞府」印（P41）就是瓦鈕。

㈢「司馬之印」四個字肯定是這印在入土陪葬之時已經刻了，你看印文上那馬字 𥝠 的左上角，在入土後已蝕得線條模糊，如果用十倍放大鏡看，可以看得清玉的皮殼，即受風化而呈現坑洞的表皮，這皮殼不但包住印底的平面，也包住蝕得模糊的陰文線條。這種皮殼可以証明「司馬之印」四個字是入土以前就已經刻了的。

㈣「司馬」是什麼官位呢？根據徐師中編的《歷代官制兵制科舉常識》，由西周到戰國，司馬都是很重要的官職，在朝廷與諸侯國中，他掌管軍政及軍賦，有如今日之國防部長。《尙書》中周書、周官中，提到周成王將崩之時，畢公任司馬之職。孔安國注說：司馬掌邦政、統六師、平邦國。（見清、永瑢、紀昀作《欽定歷代職官表》，卷十二）與司馬平行的官有掌刑獄的司寇、掌工程的司空。由魏晉到宋，「司馬」是比較小的官，在將軍之下，綜理將軍府之事務。但是由於此連珠印是漢以前的印，所以不可能是魏晉的官印。漢朝有「大司馬」、「軍司馬」之職，但無「司馬」之職。

㈤「司馬之印」這四字的組合是什麼時候用的呢？一般來說，戰國

時期的印文用「鈢」字，而不用「印」字。嚴一萍編的《篆刻入門》中，就有一戰國印的印文為「司馬之鈢」（P463）；馮作民著之《中國印譜》中也有一戰國印：「司馬信鈢」。以「印」字代「鈢」字是秦以後的事，而我這連珠印上的字體為小篆字體，也是秦以後的字體。它具有秦篆「整齊而不呆板，結體方中帶圓」的特色（《篆刻》，P64）。住在高雄縣，著名的書畫家容天圻老師也說這四個字非常古樸。

㈥根據那志良的《鈢印通釋》，秦朝規定只有天子的印才准用玉質。漢朝亦如此，所以漢代的官印沒有用玉質製作的。但民間私印則沒有嚴格規定，故民間有玉印（P133～P134），即貴族王公或民間富人刻自己名字也可以用。

綜合以上六點，這連珠印有許多難解之處。它不可能是戰國時期的印，因為字體不對，不是大篆，也因為它沒有用「鈢」字，而用「印」字。它又不可能是秦漢的官印，因為這兩朝沒有「司馬」的官職，而且這兩朝的官印，沒有人敢用玉材來雕。但由此印之形制雕工來判斷，它又的確是漢以前的印。那麼這謎如何去解呢？

我想由戰國末年到漢朝初年，天下之情勢並不是像我們讀高中歷史課本所寫那麼條理清楚，天下大勢分合之際，紛紛擾擾，會有很多不按牌理出牌的事。近來震驚考古界的大事，廣州南越王墓之發掘，其中就挖出一些不合體制的事。南越王趙眛跟他幾個殉葬的后妃每人都有玉印數枚陪葬，天高皇帝遠，在漢武帝平定南越之前，趙眛才不管秦漢天子的規定，他愛用玉印就用玉印。對於這連珠「司馬之印」我有兩種推想。一是戰國末年，很可能已經不用「鈢」字，而用「印」字，且戰國對玉材沒有限制，官印也可以用玉質，因此戰國七雄任何一諸侯國的掌兵權之官，都可能擁有此印。另一個推想是，在秦始皇死於東巡途中後，陳勝與吳廣在西元前209年起義。兩個月之內，趙、魏、齊、燕、韓一一復國，每一個諸侯國都可能有任司馬之大臣，任何一個都可能用玉材刻一「司馬之印」。甚至它也可能是南越國（西元前203至西元前111年）的司馬大臣之印。所以我把此印之年代定在戰國末年至漢初。

如今我不能稱此印為「我的」連珠印了，因為它已屬於別人。胡家麒將軍是我在威士康辛大學唸研究所時的老同學，當時我在比較文學系，他在數學系。他現任第八軍團司令，前一任職官拜陸軍官校校長。這塊連珠方印如今已屬於他。我不能說是割愛，而應該說，我替這「司馬之印」找了它名符其實的主人。

尺寸●左2.8×2cm　中1.6×2.7cm　右2.7×2.7cm

◆印文

【帶到陰間刻】

覆斗印、鼻鈕印 《漢、明》

先與你談談這三枚印的形制。前面的一枚與右後方的一枚在形狀上相似，叫覆斗印，像是把量米用的斗反過來放的樣子。嚴一萍在《篆刻入門》中說，這是東漢常用的玉印形制（上冊，P455）。左上方這一枚叫鼻鈕印，那洞像是鼻孔。

前面這枚白玉覆斗印是我才買玉沒多久就買到的寶貝。方買來的時候嫌它沒有刻字，就把它鎖在保險箱之中。後來我看到《考古》雜誌上有一篇漢朝古墓的發掘報告上說，漢朝陪葬的印，有的刻了字，有的沒刻。我想漢朝人相信死後人在陰間可以再生，所以把一些無字的玉印帶到陰間去刻。如果你想證實我的話，就翻到《南越王墓玉器》一書上說南越王趙眜的棺材中，共有六枚玉印，其中有三枚有字、三枚無字；右夫人墓中有兩枚玉印，都沒有字（P41～43）。知道我這個小玉印是寶以後，忙把它由保險箱中取出來，不知它是東漢哪一位王妃，哪一位公主的陪葬玉印呢？而且它身上具三種瑰麗的沁色，有三種沁色可不容易呢！古玉的沁色愈多，愈名貴。據說玉在泥土之中，它的結構會張開，讓其它金屬陪葬物的金屬成分滲入玉質之中，讓泥土中的礦物質滲入玉中，出土以後，礦物質成為玉質的一部分，即變成了沁色。這覆斗印上的三種沁色加上玉質的白，共有四彩：冰山的堅白是玉的本質，墨綠的沁像暮色中的松林，褐沁如蟬翼，朱紅的沁鮮艷如南台灣的鳳凰花。

右後方的覆斗印是1990年一月在高雄市向邵振枝先生買的。質地相當好的青玉，上有褐沁。也是一枚無字玉印。看它厚實的模樣，比起前面一塊小巧玲瓏的覆斗印，可是凝重多了。想像它是東漢一位王侯的陪葬物吧！

左後方的白玉鼻鈕印，我把它的年代斷定在明朝。主要原因是這種白玉，略帶淺黃的白玉，是明朝常用的和闐玉種。此印之印文為「八子家和」，不是官印，也不是私人的姓名之印，亦非別號、書齋之印，而是閒章，刻成語、警句或詩句的閒章；而閒章是在明朝大興，所以我把這「八子家和」之印定為明朝。它上面還有黃香沁，一斑斑、一絲絲，都吃入玉質之中。玉印的印文很不好雕，因為玉質比其他常用

的圖章石如壽山石等要硬很多，普通篆刻用的鋼刀根本不能刻玉，要懂得用碾玉的工具才能刻，因此我想玉印大多非篆刻家所刻，而是碾玉家兼差的，故其字體不一定與銅印、木印、石印的字體完全一樣，甚至水準會差些。而且由於玉印入土後，受到沁蝕，會使字體變形。如前面那枚飛燕章的燕字就因此而曾引起誤解。我曾把飛燕章給香港大學教文字學的同事單周堯先生看過，他說那印文可能不是秦漢時的小篆，因為「燕」字下面那個「火」字不太對稱。其實「火」字不對稱是因為「火」字有一部分的玉受了沁蝕，字體變了形的緣故。讓我們回過頭來看這枚明朝的「八子家和」印。這家竟有八個兒子，真是人丁興旺！不過可能兒子太多，彼此有摩擦，叫老爸心中憂煩，所以刻一枚「八子家和」印，凡是老爸寫信給兒子、寫訓示給兒子，都蓋上此印，耳提面命。唉！小孩多，麻煩也多！但在1993年一月，書畫家容天圻老師告訴我，這四個應該是「八子家私」。如果這樣，意思就完全不一樣了，那八個兒子都是寶貝家私呢！

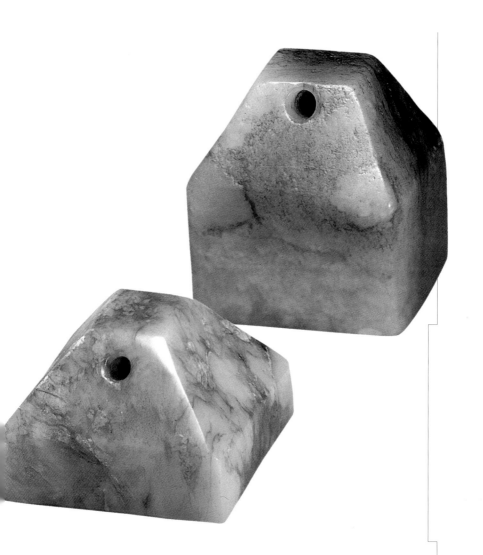

尺寸◉2.4×1.4cm

◆印文

39

【虎步生風】

虎鈕圖章《宋》

　　這枚虎鈕圖章是1992年春在高雄市的玉市買到的。別看它在照片上像是很大的印章，其實它非常之小巧，高度不到兩公分半。這才驚人，因為這麼小的一隻老虎，居然會雕得這麼虎虎生風！它經得起放大，不會因為放大了就失去其氣勢。

　　它的玉質屬灰白玉，但是却是非常潤美的灰白玉，你看它在老虎的身上發出的瑩瑩寶光。玉章上那些棕色黑色是鐵銹，應該是此玉章陪葬在棺中，與墓主的其它寶物放在一起，像是寶刀等，這些金屬器的銹黏在玉身上所致。這些銹是洗不去的，我用刷子刷也刷不下來。有一些已經蝕進玉質之中，變成了沁色。這隻獸的大眼，大嘴都雕得非常有力，下巴下面還有鬍子，因此是不是老虎，還是某一種神獸，我還不能確定。我為什麼把它斷為宋朝的玉章呢？那是因為它的脊線雕得弧形很美，與我那隻灰白玉宋狗的脊線相似的緣故。它的印文雕的是兩個字我看不懂，你如果能分辨這兩個字，請寫信告訴我。容天圻老師告訴我，印文字體沒有古意。因此王印本身是古印，但印文大概是民國以後才刻上去的。

尺寸 ● 11.1 × 6.4 × 3.7cm

【均衡的雅麗】

白玉螭耳杯 《宋》

　　1990年一月武雄與我去北京遊歷的時候，他對中國古玉還是心存抗拒，只有對明朝清朝的白玉件，還肯接受。初入門的人，總是會先喜歡白玉的。但到了同年三月間，他與我同赴香港，乖乖，他買古玉買得比我還兇！他已經被我傳染，成為半個玉痴了。加上他用作生意的眼光來看，古玉那麼稀有，價格比起翡翠、比國畫、比郵票，卻相當低，還有很大的上漲空間，於是他大買特買。

　　他對玉杯的興趣特別高，奇怪，我就從來沒有對玉杯多看一眼。武雄是個美食家，但他不愛喝茶，又不飲酒，為什麼會那麼喜歡玉杯呢？大概是因為杯，給人豐盈的感覺罷！那次去香港，就買了四只玉杯，這只白玉螭耳杯是四只之中造型最簡單的一個，杯身上面沒有雕山水，沒有雕花紋，但它卻是四只杯中最美的一只。

　　就其玉質而言，是荔枝種的白玉，水份很多，荔枝肉般透明可口。上面有一絲絲棕色的沁，再盤一盤，沁色會轉為紅棕色，這玉杯會越變越美。近看這玉杯，手工藝的痕跡很明顯，可以看得出，兩個耳，即把手，上端的平面，其實並不平，杯身的弧形也不工整。但玉杯整體看起來，卻有說不出的典雅美。像是麗質天生的美女，只披一件白袍，不作打扮，閒雅地坐著。就其線條而言，杯身向內彎的弧度，與把手向外彎的弧度呼應。而兩個把手下端各有一小尾巴，產生視覺上的均衡，所以這玉杯的線條富均衡美。

　　《中國美術全集　⑨·玉器》中有一個玉鹿紋八角杯（圖260），它的把手就與我這玉杯相似，書中稱之為「雙螭耳」（P92）。這兩個把手應該是兩條面向外的螭龍，即母龍，上端的小平台是螭抽象的頭，下面凸出的小尾巴應該是螭的腳。雖說《中國美術全集　⑨·玉器》上的是八角的杯身，我這只是圓的杯身，但大體的形制與味道很相近，且宋朝的藝術品有典雅精緻的風味，因此我認為我們這只白玉螭耳杯應該是宋朝的作品。真的，它很有味道，很耐看，而且愈看愈美。

尺寸●3.6×12.2×7.1cm

【宋朝的特徵】

41

乳丁紋螭耳杯《宋》

　　這玉杯也是1990年三月與武雄在香港買的。我說過我對玉杯沒有太大興趣，加上這玉質的顏色，青青灰灰的，我又不太喜歡，所以這杯始終不得我的寵愛。當時是因為武雄喜歡杯子才買的。可是武雄後來口味也變了，開始喜歡有沁色的古玉，所以我們想想，如果有人要這只玉杯的話，可以讓給他。

　　我們把這只杯拿去高雄的慶大莊，給謝美惠看，她一看就很肯定的說：「這是宋朝的玉杯。」

　　我們還以為是明朝清朝的玉器。她解釋說，這玉杯的玉質屬一種和闐灰白玉，是宋朝常用的玉種。還有，她說，這玉杯上有三種雕紋，一是杯身上的乳丁紋、二是杯口下的弦紋，三是把手上端平台上的雲紋，這三種紋都是宋朝常刻的花紋，是仿戰國及漢朝玉器的花紋。她說的很有道理，記得有些宋朝仿古的玉璧上，即常常出現乳丁紋及雲紋。這下子，誰又捨得把一只宋朝的杯賣掉呢？更何況杯上有各種斑爛的沁色，有褐有黃有黑，自有它樸拙之美。於是我又把它帶回家了。

【帶荷香的酒】

荷葉杯 《宋～明》

這是一只小巧的荷葉杯,整個杯身是一片拱起的荷葉,杯底雕的是荷葉的梗,以梗來代替杯的底座。這也是1990年三月那次與武雄去香港買的。我倒是很鍾愛這只荷葉杯。杯上白而晶盈的部分,是上好的灰白玉種。杯身上棕紅的部分是沁色,而且還沁蝕得很深,沁蝕的部分有些白點,那是還沒有化開的生坑。

《故宮古玉圖錄》上,有一只宋朝的「荷葉形洗」(P203,圖366),「洗」是用來洗毛筆用的。這個洗比我的杯稍大一些,雕工比我的杯精緻不少,但是基本上的形制相同,即把荷葉雕成杯形,並由底部伸出荷葉的梗,而且兩者的沁色也相似。我這小玉杯很可能早到宋朝。因其古拙而抽象,故也不會晚於明朝。這杯口雖為橢圓,卻是不規則的橢圓形,所以有自然之美,風荷之姿。想像當年是某位宋朝女詞人的酒杯,杯中盛了清冽的酒,還泛著荷葉的香氣,飲完一杯荷葉杯的酒,詞人寫下詠荷的詞句:「荷花嬌欲語,笑入鴛鴦浦,波上暝煙低,菱歌月下歸。」(錄宋朝魏夫人—即曾布妻—填之菩薩蠻句,《唐宋名家詞選》,P185。)

尺寸 ●7.4×4.8×2.8cm

尺寸 ● 5.7×4.3×1cm

43

【福壽雙全】

鴉片膏碟《清》

這是我在香港教書的時候，在荷里活道上買到的白玉件，我看它玉質白白嫩嫩的，還有黃香沁，又看得出是雕兩個桃子和一隻蝙蝠，再加上價錢不貴，就買下來了。你看在桃子樹立的那張照片中，右下角邊上的就是蝙蝠的頭和雙翅。你是中國人，你當然知道，桃子是象徵長壽，蝙蝠是取「蝠」字的諧音「福」，所以這白玉件的寓意是「福壽雙全」。蝙蝠在中國是大家喜歡的對象，因為它象徵「福」。在西方剛好相反，它有時是披著黑斗蓬的吸血鬼之化身，有時是魔鬼的化身。我認為西方的聯想比較合理，蝙蝠黑呼呼、黏糊糊的，活在幽黑恐怖的水洞之中。不是中國人，也很難把它們與福氣聯想在一起，中國人是非常樂觀的民族。

這個「福壽雙全」白玉件很奇怪的是，有一面是凹下去的，照片上可以看得很清楚。我方買這塊玉的時候，用繩子繫起來，佩掛在胸前，我的朋友袁醫生看到了說，這種形狀不全的玉，不要戴在身上，戴了反而會折福的。我就沒有再佩它。後來，我另一位玉友胡玲達看見這塊玉說，那是一只吸鴉片時，放鴉片膏的小碟子，因為她以前見過用瑪瑙製的「福壽雙全」鴉片煙碟子，所以她知道這是何物。你看，這不是很強烈的諷刺嗎？那個人吸了鴉片，還能祈求能福壽雙全呢？胡玲達是1986年初才加入范我存與我這小小的玉迷團，她非常能幹，曾任過香港中文大學的兼教務長。家庭環境又好，又敢大買，不到半年，她開始買得比我們還兇，後來她收藏的古玉數目比我、比范我存都多。現在她已移民加拿大，那兒沒有什麼古玉店可逛，我想她會很寂寞。

尺寸◉5.1×4.6×2.1cm

44

【滑稽的龍】

白玉龍螭鼻煙壺 《清》

鼻煙是清朝富貴人家的玩物。滿清十七世紀入主中原,當時還是鷹揚悍勁的馬上英雄、遊牧民族,到了十九世紀中葉,中原立國不到兩百年,國勢已如風中殘燭,這與八旗弟子、耽於逸樂,玩物喪志,有很大的關係。

鼻煙壺是明朝萬曆年間(1573～1620年)由義大利耶穌會教士利瑪竇傳入中國的。明末與清朝的貴族富人,常手持一瓶鼻煙壺,裏面是磨成粉末的煙草,加上其它香料。這煙草不是用火來點,用口吸入肺中,而是用鼻子來嗅煙味,吸了打個噴嚏,說是能明目,能去疾病。煙草這種東西真太厲害了,今天吸香煙的人,像敢死隊一樣,肺癌也不怕,真是視死如歸。而煙草甚至不必點火,只用鼻子聞聞也會叫人上癮,你說它厲害不厲害?

煙草裏加了香露會有各種顏色。紅色的鼻煙,叫玫瑰露、綠色的叫葡萄露,白色的叫梅花露。更講究的就是鼻煙壺了,有用玻璃製的,有用玉、用瑪瑙雕的。到了清中葉以後,八旗的貴族,不再騎馬比武了,而是手持鼻煙壺,爭奇鬥艷。我這玻璃鼻煙壺上有五種色彩,你的只有四種色彩,我把你比下去啦!我這白玉鼻煙壺是羊脂白玉的質地,瓶殼很薄,把你比下去啦!統治階級的人大多這般沈迷,難道不會亡國嗎?由一個小小的鼻煙壺就可以洞燭朝代的興衰。

這個龍螭白玉鼻煙壺是1990年在香港買到的,白玉玉質非常之潤,脂光養人眼。兩面各有一隻浮雕的龍。形象抽象化,而且有點滑稽,有卡通造形的意味,那隻公龍的角,長長的,有稜有角,像隻煙斗。另外一邊的龍是沒有角的,大概是母龍,即螭,兩個大耳朵下,一雙怯怯的眼,形象可憐而幽默。我想這是一位很具幽默感的玉雕家雕出的作品。

尺寸 ● 5.4×4.35×3cm

45

【胸有成竹？】

青白玉鼻煙壺 《清》

　　把這個青白玉鼻煙壺與前頁的白玉鼻煙壺放在一起，就可以分辨什麼是白玉，什麼是青白玉了。兩種都是和闐玉。青白玉的顏色略帶淺綠，而白玉的色澤及玉種就很多，有山產玉、有水產玉，有羊脂白玉，有荔枝種白玉，有帶淺灰色的白玉，有帶淡黃色的白玉。這兩個鼻煙壺的玉種，龍螭白玉鼻煙壺的白玉玉質很密實，應屬山產玉，非常潤，是上好的白玉種，但不是羊脂白玉。青白玉鼻煙壺的玉種是青玉中的佳品，玉質有寶光，而且透亮。

　　在香港、台灣，甚至在海外的洋人之中，有不少收藏家是專門收集鼻煙壺的。我就知道在高雄有人專收和闐玉的鼻煙壺。記得以前我與范我存在香港一家玉店中，我推薦她買一個白玉鼻煙壺，因為玉質不錯，造形樸素而小巧，還有兩個虎面把手。後來范我存把這個鼻煙壺送給她的女婿作為結婚禮物。這位女婿有一次在台北一家古董店中，拿出來與店主研究，因為那位店主是他的朋友，方好有一位顧客上門，看到這鼻煙壺就要買，而且任這位范我存的女婿開價，他當然不肯讓。可見迷鼻煙壺的人迷起來，也很瘋狂的。

　　這個青白玉鼻煙壺表面打光打得非常滑亮。上面配了個珊瑚蓋子，顏色相映成趣：橙紅的蓋，與淺綠的瓶。珊瑚蓋下面有個象牙小匙，是用來把鼻煙掏出來，放在掌心，好吸它的味道。這壺的壺身，即壺殼，相當薄，這也是鑑定鼻煙壺的一個標準，因為壺上面的洞口那麼小，要把瓶的內部挖空實在不容易，更何況挖到瓶殼薄薄的呢？這個壺有一面雕了一朵水上的蓮花及兩片蓮葉，水面上橫著一根蓮藕，寓意應該是「佳偶（藕）天成」及「連（蓮）生貴子」吧。壺的另外一面，也是雕水邊的景物，一隻熊正在吃食物，旁邊有兩根竹子，不知道雕的是不是熊貓，也不知道寓意是什麼？是不是「胸（熊）有成竹」呢？

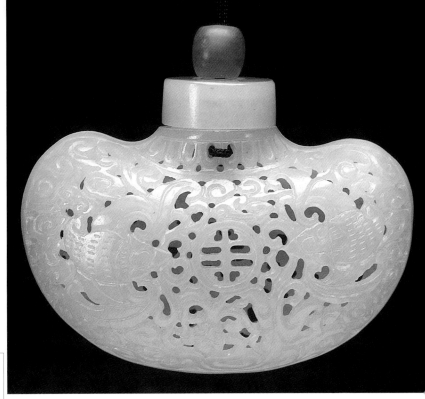

尺寸 ◉ 4.8×6.6×2.9cm

46

【掛在腰際還是房中？】

花薰《清》

這個青白玉花薰是1989年我在香港荷里活道蕭祖芳那兒買到的。玉質是青白玉，雕工非常細，屬鏤空雕，是難度很高的一種技藝，你要把心挖空，挖到殼是薄薄的已經不容易了，這麼細的鏤空雕還不能出一絲差錯，一條線刻長了一點，就會刻斷，整個玉件就毀了。

這花薰是繡荷包的形狀，它由三片玉組成，瓶分為兩瓣，加上上面一個蓋子，所以這花薰是活動的，做得非常巧妙。用線繩穿過蓋子，就把這三片玉串起來。像圖片上一樣，如果把蓋子升高，三片玉就會分開，打開了，可以把芳香的花瓣放在裏面，再把蓋子蓋下，收束住兩片壺身的瓶口，三片玉就會緊合成一個完整的瓶子，花瓣也不會掉出來。只要把那顆珊瑚珠往下扣住，就不會分散，真是巧奪天工。

這花薰的兩面工是一樣的。中間刻了一個「壽」字，兩邊各刻一隻蝙蝠，是「福壽雙全」之意。「壽」字下面刻了條龍，它四周都是雲彩。連蓋子上都有雕工，以穿的洞為花心，雕了一朵花。此花薰是典型清工之精雕細琢。

有一說是這種花薰是清朝的貴族富人繫在腰際的，他走過就帶來一陣花香，就像今日小姐太太擦香水一樣，想像中像賈寶玉這樣的公子，這般的風流人物，就會佩戴這種花薰。只是這種玉花薰體積並不小，又這麼脆弱，一不小心碰到桌子就會打碎，真的是掛在腰際嗎？腰上掛緞子縫的香袋或香囊，不是更安全些嗎？那志良在《中國古玉圖釋》中說，這種花薰是掛在客廳中的（P481～2），讓客人看不到花，卻聞到花香。我覺得他的說法比較合理。也許是掛在臥室中，甚至是掛在古時的洗手間裏。《古玉精英》中就有兩件類似的花薰：「鏤雕人物花薰」與「鏤雕花卉花薰」（P290，圖183）。兩件都是白玉雕，一件長方形，一件是呈曲線的蛋形。我的福壽花薰不輸給《古玉精英》上的那兩件呢！

飾物及陳設

因爲由新石器時代起，玉器就是我中華民族重要的文化象徵。它們是極有份量的宗教符號，古時是神的化身，就是二十世紀的今日，人們也相信身上戴了古玉可以辟邪。它們也曾是深入人心的道德倫理符號，儒家的訓育認爲君子修身就要修到玉一樣的美德，根據《禮記・聘義》的記載，孔子説：「君子比德玉焉。溫潤而澤，仁也；縝密而栗，知也；廉而不劌，義也；垂之如墜，禮也；叩之其聲清越以長，其終詘然，樂也；瑕不掩瑜，瑜不掩瑕，忠也；孚尹旁達，信也；氣如白虹，天也；精神見於山川，地也；圭璋特達，信也；天地莫不貴者，道也；詩曰『言念君子，溫其如玉』故君子貴之也。」既然玉與宗教及道德意義的關係那麼密切，故很難確定從什麼時候開始玉器才成爲純美學的符號，也就是玉件成爲純粹的賞玩之器。作爲飾物及擺設，或是説成爲純藝術品，也許早到商朝就已經有了。此一部分收了一些佩戴在身上的飾物，以及陳設用的擺件，而我收藏的身上佩戴飾物，大多收在《如玉》一書之中，請參照那本書。

尺寸●三角瑯／2.5×1.3cm　圓瑯／2.5×1.9cm

47

【什麼是水銀沁？】

三角瑯及圓瑯《戰國至漢》

　　這是兩件小東西配在一起的頸飾，我們女人就會喜歡這種小東西。上面是三角瑯，我得到它要謝謝郭豫倫老師。下面這個圓瑯是1990年在高雄市星期三的玉市上買到的。兩件都是水銀沁，我會在本文後面與你解釋什麼是水銀沁。我請我們中山大學外文研究所的職員文德孟小姐替我打結，她匠心獨運，用鮮紅鮮綠的繩子來襯托黑色的水銀沁，不但沒有把暗素色的玉比下去，反而把玉的黑亮和盈透襯托出來了。

　　什麼是水銀沁呢？古玉界的人相信，古代用水銀來殮屍，也就是把棺內注入水銀，把屍身泡在其中，棺中的玉器受水銀的沁蝕就會形成水銀沁，顏色黑而有光澤，就像我這個圓瑯一樣。我所看過在《文物》

與《考古》二雜誌中商朝至漢朝的古墓發掘報告中，還沒有見過棺中有水銀的。後來又想，水銀是流質，而且比較重，一有空隙就會漏走流走，所以即使真用水銀來殮屍，也早就漏光了。但至少有關秦始皇的記載，說是用了很多水銀，賈山至說：「秦始皇葬驪山之阿……〔墓〕高五十餘丈，石槨為游館，人膏為燈燭，水銀為江海，黃金為鳧雁……是墓內有池沼，有游館，池沼以水銀為水。」（尚秉和著《歷代社會風俗事物考》P278）這是指秦始皇墓內大量用水銀來佈置庭院之池塘。

而至少古玉界的人相信有水銀沁這回事，劉子芬在《古玉考》一書說：「至如滿體水銀，寶光外溢，玉質如貝，或如羚羊角者，乃真正之水銀沁，而未至發黑之程度者，古人多以水銀藏屍，此等玉器，蓋為含殮用也。」（國立歷史博物館印，《中國玉器》，P13）但是以上的說法還沒有經過科學的驗證。也有人完全推翻古玉之沁是受外來礦物質蝕成的說法，他們認為是玉質中原有之鐵質，入土後「酸化」而形成沁色，如日本八濱田青陵說：「由土中發掘之玉，因受土中之酸化作用，其表面乃致分解，裂痕至由石脈深入內部，因含有鐵的酸化，那麼，變成琥珀色，或成深褐色，有時竟變成黯黑色。」（《中國玉器》，P14）在此提供以上兩種說法供你參考。

上面這個三角珊，應該叫它琮珊，因為上面有簡單的三條線，把這珊子分為四層。珊的玉質是很透剔的白玉，為什麼我把珊子的年份斷定在戰國到漢朝呢？主要是因為打洞的方式，它的洞打得圓而直。戰國以前是用銅的圓錐為工具，以柘榴石粉之漿來磨洞。因為銅不夠硬，所以打的洞不直，微成漏斗形，因為打著打著銅錐就被磨損變細了。戰國開始用鐵錐來打，鐵很硬，所以洞直而圓。而這珊子的受沁很厲害，形制很古雅，也不會晚過漢朝，所以把它斷定在戰國到漢朝之間。

下面的這個圓珊，也是上好的，透剔的白玉，也是水銀沁，洞也打得又圓又直，應該其年份與三角珊差不多，所以剛好與三角珊配成一對作為我的佩飾。況且這圓珊很耐看、很名貴呢！上面有鮮艷的紅沁，斜斜一道由玉本身有的紋路沁進去，即由沁痕沁進去，可能是朱砂沁。另外珊子的左上端有點點的淺黃沁。盤多了，戴多了，這些鮮美的色彩會愈來愈多。還有，你仔細看這個圓珊就知道什麼叫皮殼了。如果把書放得遠遠的，這圓珊的表面像是打磨得很光滑，你湊近看書上照片，其效果如同用五倍放大鏡來看這珊子的表皮，你看表面是不是蝕得坑坑疤疤，而凹坑的分佈或近或遠，或多或少，極其自然。這就是風化現象，很標準的，表示是真貨的皮殼。不過要小心，現在皮殼作假，也非常像是真的。

尺寸●6×3×2.2cm

48 【事事如意】

白玉雙柿 《明》

　　這是1991年初我在高雄買到的玉件。你一定說，唉呀！真醜！買的那個時候，洪武雄就說，真是又黑又醜，何必買呢？買來以後我拿去學校給范我存及文小姐看，她們呆看了一下不說話，我知道她們不好意思說，真是太醜了。既然那麼醜我為什麼要買它呢？我想我買它是因為它真，因為是真的自然就有一種樸拙之美。

　　由它的雕工看來，應該是明朝之物，你看左邊那個柿子之上的葉子

和梗，都雕得肥圓厚實，柿子也是鼓鼓的，很飽滿的樣子。明朝與清朝的工比起來，明朝的工就是這雙柿的樣子，線條是圓的，清朝的工比起來就線條細切而方整；明朝的圖案比較富變化，清工尚對稱，比較死板。這雙柿玉件的肥圓厚實模樣與北京故宮博物院藏的一件明朝玉馬很像（《中國美術全集　⑨・玉器》，P170，圖295）。所以我很肯定雙柿是明朝的玉件。

　　文德孟告訴我，這玉件雕的是「事事如意」，「事」是「柿」的諧音，雕兩個柿子，所以是「事事」，在玉件左上端，照片沒有拍到的地方，雕了一個如意形狀的靈芝葉，所以也有「如意」之意。《海外遺珍》一書之中有一張瑞典遠東古物館收藏的明朝玉柿形水注(P106，圖106)，即是用玉皮來雕梗與葉。

　　那麼這個雙柿上面那些梗枝都是黑色的，柿子的下半部也是黑色的，是不是水銀沁呢？我想不是，你仔細看前面那個水銀沁的三角瑋及圓瑋，尤其是那個圓瑋，水銀沁的黑色是滲透入圓瑋的內部，與通透的白玉混同在一起，自然地融合在一起。而這個白玉雙柿的黑色則是自成一體，不與白玉的玉質交融。這是黑色的玉皮。有關用黑色玉皮來雕刻，見《古玉精英》一書中金或元朝的「巧做秋山飾片」（P245，圖146），此玉件就保留黑色皮子來雕刻虎與柞樹林，減低部分露出玉之本色做陪襯，又在留皮的黑色虎與柞樹上雕虎的斑紋和葉脈，屬於巧做。因此我這個白玉雙柿也是屬於「巧做」，因為它把黑色皮子的主要部分留下來，沒有切去，留下來雕梗枝。其實這個玉件的白玉質地相當好，你看右邊那個柿子梗與葉的部分，水盈盈的，相當通透。剛剛買回來的時候是一點也不透的死白，玩了一陣子，它變美了。不信，你多看它幾次，它不但不醜，而且會吸引人。我也要謝謝攝影師楊景州，他把這玉件拍得比原件美一些，否則你會更受不了。這件「事事如意」應該是件擺飾，或者它是一件實用物，作紙鎮用的。

尺寸◉3.1×3.2×0.5cm

49

【纖麗的龍】

白玉咬尾龍 《明》

　　1985年夏天，我在香港海運大廈那幾間古董店中的一間，找到這件精緻的白玉咬尾龍。它是美的化身，纖巧得令人心動，白玉的玉質細潤如絕色美女的皮膚。是一件男性朋友見到就希望我讓給他，好讓他送給太太的禮物。

　　它的形制叫咬尾龍，自己咬自己的尾巴的龍，形成一個周而復始的圓，這種形制戰國就有了，漢朝也很多。外雙溪故宮博物院中就有一個戰國的瓏，或為玉鐲，就是咬尾龍的形制（《故宮古玉圖錄》，P66，圖90）。同書中一漢朝的瓏（P139，圖225）也是這個形制。西方的神話傳說中，也有這種神獸叫 uroboros。我想咬尾龍出現在東方、西方的神話之中，多是因為牠象徵一種宇宙之中周而復始、生生不息的力量，尤其是龍主宰令大地滋潤的水，所以應該是象徵生生不息的力量。

　　這條白玉咬尾龍，比起明朝清朝以至於今日的中國龍，一點也不像。牠既不張牙舞爪、也不凶猛。牠具有抽象的美，身上是圓形或橢圓形的雲紋。牠的嘴是用簡單的線條來表現，還在微笑著呢！那一片小巧的雲紋則是象徵牠的耳朵。牠還是一條眼睛都還沒有張開的小乖幼龍。

　　香港古玉界的老行尊，在北京古董洋行工作多年的張富川先生說，這個白玉咬尾龍環是乾隆工，這的確是一句至高無上的讚美呢！因為乾隆工是中國玉器雕工的三大高峰之一，另外兩個高峰是漢朝及戰國時期。乾隆工以精美、準確及寫實著稱。但是這白玉咬尾龍卻是一點也不寫實，反而非常抽象。此外，它雕工的線條，無論是整體的構圖，或是局部刻的線條，都是圓渾的。所以我想應該是明朝的，甚至是更早的玉作。

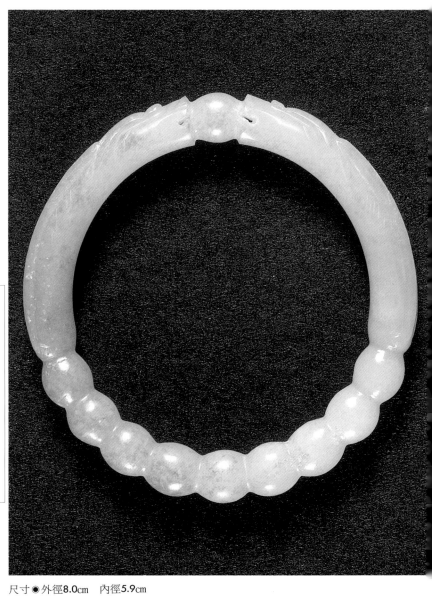

尺寸●外徑8.0cm　內徑5.9cm

50

【十顆龍珠】

雙龍搶珠鐲 《清》

　　雙龍搶珠鐲是明朝清朝玉鐲常見的形制。我想是因爲這種形制適合雕玉鐲吧！兩個龍頭和珠可以連成一線來雕。其它圓鐲身的部分又可以作爲兩條龍的龍身。而龍頭的部分可以展示玉雕家的凸雕手藝與透雕手藝，而龍珠的部分也可展示他圓雕的本領。但是這種龍身上另外加九顆珠的形制也常看到，爲什麼加九顆珠呢？怪哉！

　　我記得我陪弟弟鍾堅的兩個孩子，我的小姪兒看日本卡通片，「九龍珠」。故事中九顆龍珠一聚齊了，就會出現一隻巨龍，你只要向牠許願，願望就會達成。這個日本故事是不是受中國神話的影響呢？這個鐲子上的九顆珠子與「九龍珠」的故事有沒有關係呢？我想沒有關係，只是巧合。這隻玉鐲上的珠子應該與一種中國玉器的傳統有關，即諧音寓意。九顆珠加上雙龍搶的那一顆，總共是十顆珠子，「十珠」與「十足」諧音，故寓意爲「十足十全」。

　　你看這鐲子的玉色，是淡綠的，一定會說，這是青白玉，或是說這是青玉。但它是黃玉種。黃玉種的顏色有淺綠、黃綠、淡黃、明黃諸色。黃玉種的玉質比較細而密，但不油潤。這鐲上還有不少斑駁的黃香沁，反面還有生坑，盤多了，黃香沁會全部出現，黃得更鮮艷。這玉鐲打磨的工非常好，故很富光澤。兩條龍並不具象，並不寫實，長長的臉，小眼睛，有點鬥雞眼的味道，長到不可思議的兩隻龍角，很有卡通龍的味道！

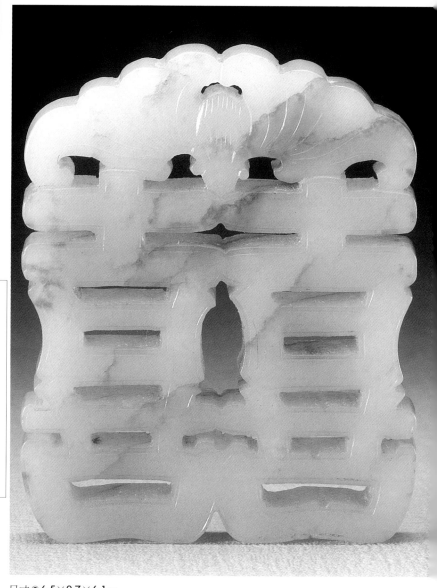

尺寸◉6.5×0.7×6.1㎝

【生死相從】

雙喜佩《清》

這是我1985年與范我存同赴澳門去覓寶，那次她買了一個玉璧，我除了買到我另一本玉書《如玉》中的「惑人環——琉璃環」，就買了這一個白玉雙喜佩。你猜這雙喜佩是什麼地方買的？是在當舖買的。不錯，是當舖。你再想一想，這也是當然的事，賭客到澳門去，無非是賭，賭輸了，就當身上的東西去換賭本。想這塊雙喜佩也許是一個玉商拿去當的，他方在澳門進了貨，沒想到身上錢全賭光了，就拿著進的貨，這塊雙喜佩去押，沒想到押來的錢又輸光了，所以就留下這塊玉在當舖中等我鍾玲來購買了。

這種雙囍的形制，是明朝清朝玉器中常見的，市面上也常見得到，但玉質雕工俱佳的並不多。在《如玉》我那本書中也收了一件，即「如意雙喜——腰帶飾」。不過那一件是戴在腰帶上的實用物，用以掛香囊、錢包之類的東西，這裏的這一件雙喜佩卻是吊掛的佩飾，也許是用繩來繫，佩在裙、袍上的，也許是吊掛在臥室的牆上，或箱子上的。

雕了雙喜的玉件，通常是婚禮的陪嫁之物。這一件的玉質與雕工都還不錯，玉質是相當潤的白玉，透雕的工十分精確，而富美感。囍字上刻了一個蝙蝠，諧音為「福」，願婚姻幸福美滿之意。那蝙蝠身上還雕成折扇的凹凸斜面，這塊雙喜佩上順著沁痕，有不少斜行的褐沁，表示它入過土、陪過葬。想像這塊玉陪了一對夫妻兩三百年。結婚的時候，它掛在新婚陪嫁的箱籠上。結婚以後，吊掛在夫妻臥室的床上，守候著他們一對夫妻，由黑髮守到白頭。然後他們合葬的時候，雙喜佩也入土陪伴他們。真是生死相從的堅實信物。

尺寸 ◉ 6.5×5.7×0.9cm

【福至心靈】

蝙蝠靈芝透雕佩《清》

　　在1983至1985年我開始逛荷里活道時，我常常去一家玉店看東西，那家店的老板是位大嗓門的老先生，腕上戴著一只年輕時戴上去後來已脫不下來的白玉鐲。他是那種舊式的玉商，非常傲，他先說明白給的都是實價，你只要還價，不論還多少，他都會拒絕賣。他從來不看書面的、考古學的資料，但是辨古玉的真假，倒很少看走眼，因為經驗豐富的緣故。我與范我存背後叫他兇伯，因為他很兇。我在他那兒買過一些白玉件及鐲子。後來他的店關了門，人也不知去處。

　　1989年夏天，我還差一個月就要去高雄定居了，那時我拼命買玉，玉只要不錯，能買得起的我就買，因為怕離開香港就沒得買了。七月有一天我在荷里活道上遇見兇伯，他說我可以到他家中去看玉。他就

住在荷里活道的一條橫街上。他手頭的明清白玉眞不少。但那時我的眼界已高了，看來看去挑了三件白玉，心中最鍾意的還是這一件蝙蝠靈芝透雕。可是一問三件的價錢，只有這一件很貴。我裝傻說：「一樣是清朝白玉件，這件沒有理由貴另外兩件兩三倍。」

他斬釘截鐵地說：「這件是乾隆工，當然就是這麼貴！」

他的確識貨。他堅持不二價，我沒法子，這件東西眞的是一流的，我只好狠下心來買了。這玉件上雕了一隻蝙蝠，你看照片上右邊有兩片翅膀的就是蝙蝠，左上角有一片葉子，葉子下端捲成如意狀的就是代表靈芝，這片玉的反面還雕了三片靈芝葉。它的諧音寓意爲：「福（蝠）至（芝）心靈（靈芝）」。

爲什麼說它一定是乾隆工呢？第一、你看它整體流水的線條多自然，多流麗。第二、你看它透雕的地方多麼精確，一絲不苟。第三、它的工精雕細琢而俏眞，你看那隻蝙蝠，翅膀凹成美麗的弧度，額頭却優雅地鼓起，蝙蝠身上三排毛雕得非常整齊，眞是一流的雕工。第四、它有層次，高高低低分成三四層。第五、正反面呼應得非常準確。在照片這一面上，朝上及朝左兩片喇叭狀的葉子，捲到玉的另一面就成爲如意狀，所以是兩片靈芝葉，正面的靈芝葉的葉梗又是很自然由背面伸過來。你說這乾隆工是不是巧奪天工？

由漢代就相信吃了靈芝仙草會長生不老，所以這玉件亦有賀壽之意。我想這是一件佩飾，左邊小靈芝葉的尖端形成一個小圈就是繫繩來吊掛的地方。漢朝班固的靈芝歌就說：「因露寢兮產靈芝，象三德兮應瑞圖，延壽命兮光此都。」據說吃了靈芝能防治癌症，甚至說它有千年人參之效，能爲垂危的人延命。我想中國古代的醫術、方子，有一定的道理。

尺寸●7×3×1.2cm

53

【瓜瓞綿綿】

雙瓜甲蟲佩 《清》

　　這雙瓜甲蟲佩是1991年夏天在高雄市買到的。它的雕工纖麗精美，造形富變化，而無乾隆工之匠氣，大概是乾隆以前，明清之際的雅作。武雄特別喜歡這個佩件。的確，它的造形修長而秀氣，彎曲的枝梗、纏繞的鬚莖都那麼纖細，透雕的雕工也是一流的，葉子的表面起伏有緻，活的一樣。真是愈看愈美。它的白玉玉質也晶瑩透剔，水靈靈的。

　　這玉佩雕了兩條瓜，左邊這只瓜的左下角雕了一個小甲蟲。我們可以在香港市政局出的《中國玉雕》中找到類似的形制，叫「瓜瓞綿綿」（P294，圖281）。那書中的玉件也雕了兩個瓜，以及一隻甲蟲，但他們的瓜大團大團的，沒有我的瓜秀氣，透雕也沒有我的瓜雕得精確。為什麼稱之為「瓜瓞綿綿」呢？瓜是多子的，「瓞」的讀音如「碟」，是小瓜的意思，「綿綿」是指瓜藤纏繞，綿綿不斷之意。「瓜瓞綿綿」一句出自《詩經‧大雅》，是用以比喻子孫繁衍興盛之意，也就是賀人「多子多孫」的意思。那麼瓜上那隻甲蟲又寓意為何呢？我想「蟲」與「重」諧音，可能是「喜事重重」之意。《中國玉雕》一書中，有一個玉件，在一隻瓜上雕了四隻蠶蟲及蝴蝶，就是「喜事重重」或「重重疊疊」之意（P302，圖291）。

尺寸 ● 6.2×5×0.7cm

54 【公侯之爵祿】

白玉雙猴子岡牌《清》

　　這種玉牌的形制叫子岡牌，我在《如玉》一書中，「精雕細琢：方形璧與子岡牌」一節中，解釋得很清楚什麼是子岡牌。子岡牌不一定是明末名雕玉家陸子岡的作品，只因為他雕過這種玉牌，雕工很精美，現在古玉界的人就把這一類的玉牌都稱為子岡牌。大致上來說，子岡牌的特徵是㈠通常是長方形或橢圓的實心牌。㈡上面中央有個孔，以穿繩掛在項上或腰際。㈢牌的上端及下端有「雲頭」，以夾住中間的圖，雲頭通常雕雲紋，也有雕龍紋或如意紋的。㈣玉牌的畫面，通常一面是畫，另一面是雕字，字畫相呼應。

　　這一件白玉雙猴子岡牌是1989年我離開香港前兩個月在香港海運大廈馬明欣那兒買到的。玉質無瑕，非常潤潔。雕工也很精美。看子岡牌也要看兩面的底子平不平，因為畫與字都是浮雕，底子是挖下去的，

要打平很不容易。這玉牌的底子非常之平。上面雕了標準的雲頭，下端中央也有一小處的雲頭，是標準的子岡牌。

　　有畫的那一面雕的東西很有趣，雕了兩隻猴子。一隻猴子在松樹上攀爬，回頭看樹下的猴子。地上那隻猴子雙手捧著個茶盤，跑僮似地，望著樹上的猴子張嘴不知道在說什麼？而茶盤上放著個像心形一樣的怪東西，也不知道是什麼。看另一面，是兩個篆字，雕成圖章印文的模樣，原來是「爵祿」二字，指高官和厚祿之意。這個子岡牌應該是清朝官場上，贈送的大禮，討吉利，祝對方官運亨通。那麼，那隻猴子手上捧的就是三足的爵，是盛酒的銅製酒杯。「爵」也可指高官爵位。那麼為什麼刻猴子，不刻狗或老虎呢？我想是因為「猴」與公侯的「侯」字諧音之故。猴子真的會捧著酒嗎？也不是完全不可能，猴子不是很喜歡模仿人的嗎？此外，這塊子岡牌還入過土，邊緣上有些地方有紅棕色的沁。你看到沒有？在刻篆字的那一面，左下方的邊緣上，有兩點紅沁。現在我已任中山大學外文研究所所長一年，也許是這塊玉牌帶來的運，我不知道該算好運還是壞運，做了行政管理的工作，我都沒有時間寫小說、寫詩了，沒有時間從事我心愛的工作了。

尺寸 ● 9.8 × 7.7 × 0.7cm

55

【巧奪天工】

白玉五福同壽吊件 《清》

這是1990年春武雄與我在香港海運商場的金先生那兒買到的精品。它不但雕工細膩，而最難能可貴的是，看起來上上下下有五塊玉，其實都是連在一起的，也就是說，它全部是由一塊玉雕出來的。找到那麼大一塊冰清美玉已不容易，雕工那麼精緻更是不得了。

這吊件的白玉質屬於和闐玉河中的水產玉。水光灩灩，透剔鮮亮。那兩串玉連環雕得那麼細巧，真怕它會斷了。上面雕了兩隻尾巴翹在頭上的龍，兩串玉連環就各自由龍口中垂下來，由龍口吐出來的福氣。為什麼稱這玉吊件為「五福同壽」呢？因為它刻有五隻蝙蝠和一個壽字。壽字吊在中央下端的位置，是一個小巧的壽字環。壽字的正上方有一隻向上飛的蝙蝠，壽字的左邊有兩隻飛向壽字的蝙蝠，右邊也有兩隻飛向壽字的蝙蝠。所以我想這玉件應該叫「五福同壽」。什麼是「五福」呢？我們成語中也有「五福臨門」的說法。「五福」有兩種說法，《尚書·洪範篇》中說五福是指：壽、富、康寧、修好德、考終命。《通俗篇》祝誦中則說，五福是指福、壽、富貴、康寧、子孫眾多。後者應該是中國家族制度發達以後，重家族利益，所以才強調子孫眾多為福氣。

1990年我在高雄市正莊演講，講「明清白玉之欣賞」。也展出我一些玉件，不少聽眾被這個晶盈精美的「五福同壽」吊件迷住了，我講完許久，他們仍圍住這吊件觀賞，不肯離去，也有好幾個人過來問我，願不願意把這個吊件出讓給他。

尺寸 ◉ 34.4×9.5×1cm

56

【龍宮仙山】

玉牌玉壺大吊件 《清》

　　這個白玉大吊件是1990年初夏武雄與我在香港海運商場的馬明欣那兒買到的。這麼大號的吊件當然不是我選中的，武雄喜歡大號的東西，所以當然是他選的。這個吊件是由四塊玉雕成的。四塊之間是用K金鏈把它們串起來。最上面是一塊小小的蝙蝠佩。第二件是兩串玉連環加長方形的玉牌，是一塊相當大的玉材雕出來的。第三件又是一個小的蝙蝠佩，頭向下飛的蝙蝠。第四塊是比第二塊更大的玉材雕出來的，上面是兩隻鳳鳥，鳥嘴中各自啣一串玉連環，下面是一個玉壺，有活動的蓋子。這四塊玉的白玉質地都很精美，那塊玉牌的質地更是羊脂白玉。

　　再談談這些玉件上雕了些什麼。第一件與第三件都是蝙蝠，是「福氣」之意。第二件的玉牌上，一面雕的是龍宮圖，海水之中出現龍宮的屋頂，海岸岩石上長了很多靈芝，是仙人的食物，海面上有神鳥彩鳳在飛翔。玉牌的下端中央雕了一隻正在翻身的魚，是透雕；玉牌上端左右各雕一隻龍，也是透雕，魚龍都是海中龍宮的主人或住客。玉牌的另一面雕了一首五言絕句，詩的下面是捲起的波濤，呼應龍宮的主題。最下面的玉壺連環串件，則是以象徵后妃的鳳鳥為主題。連環串上面的吊鈎就雕了兩隻抽象的鳳。而在壺面上，每一面左右雕了兩隻立著張翅的鳳鳥。壺上兩面共雕了四隻鳳。

　　那麼，這個大吊件上雕了那麼多東西，彷彿是雜亂無章，其實不然，這個大吊件上呈現了龍宮的仙境，有魚有龍，也呈現了海上仙山的境界，有靈芝、有鳳鳥。並且上下到處是福氣。整體而言，表現了道家嚮往的神仙世界。

【引用書目】

1 書籍

● 山海經校注
　　袁柯校注。上海古籍出版社，一九八〇。

● 中國古玉圖釋
　　那志良作。台北：南天書局有限公司，一九九〇。

● 中國玉雕
　　葉義目錄編撰。香港：香港市政局，一九八三。

● 中國玉器
　　何天浩序。台北：中華民國國立歷史博物館，一九八四年序。

● 中國印譜
　　馮作民作。台北：藝術圖書公司，一九七五。

● 中國美術全集・工藝美術編　9・玉器
　　楊伯達主編。北京：文物出版社，一九八六。

● 古玉精英
　　傅忠謨作。香港：中華書局（香港）有限公司，一九八九。

● 古玉精萃
　　故宮博物院編。上海：人民美術出版社，一九八七。

● 生死冤家（小說集）
　　鍾玲作。台北：洪範書店，一九九二。

● 如玉—愛玉的故事（古玉專書）
　　鍾玲作。台北：藝術圖書公司，一九九三。

● 良渚文化玉器
　　浙江省文物考古研究所、上海市文物管理委員會、南京博物院合編。
　　文物出版社出版，一九八九。

● 東京夢華錄注

宋、孟元老作。北京：中華書局，一九八二。

● **故宮古玉圖錄**

台北：國立故宮博物院，一九八二。

● **南越王墓玉器**

林業強編。廣州：廣州西漢南越王墓博物館，一九九一。

● **海外遺珍**

台北：國立故宮博物院，一九八五。

● **唐宋名家詞選**

龍楡生編。香港：商務印書館，一九七六。

● **殷墟玉器**

中國社會科學院考古研究所編。北京：文物出版社，一九八二。

● **殷墟婦好墓**

中國社會科學院考古研究所編。北京：文物出版社，一九八〇。

● **欽定歷代職官表**

清，永瑢、紀昀作。台北：商務印書館，一九八三。

● **愛玉的人（散文集）**

鍾玲作。台北：聯經出版社，一九九一。

● **鉥印通釋**

那志良作。台北：商務印書館，一九八六。

● **說文解字注**

清、段玉裁撰。台北：世界書局，一九七一。

● **歷代官制兵制科舉常識**

徐師中作。澳門：爾雅社，一九七八。

● **歷代社會風俗事物考**

尚秉和作。台北：商務印書館，一九六六。

● **篆刻**

林素清作。台北：幼獅文藝出版社，一九八六。

● 篆刻入門

嚴一萍作。台北：藝文，一九七六。

● *Chinese Jades from Han to Ching*

James C. Y. Watt. New York: The Asia Society, Inc., 1980

2 論文

● 錢伊平。「漢璧」，故宮文物月刊，89期（一九九○年八月）。

● 鍾玲。「寒山在東方和西方文學界的地位」，中央日報，一九七○年三月8日至11日。

● 鍾玲。「寒山詩的流傳」，明報月刊，一九七七年七月號。亦收入葉維廉編之《中國古典文學比較研究》（一九七七）。

玉 緣	
作者◉鍾 玲	
攝影◉楊景州	

美術規劃◉　李純慧設計工作室

發 行 人◉　何恭上
發 行 所◉　藝術圖書公司

地　　址◉　台北市羅斯福路3段283巷18號
電　　話◉　(02) 362-0578 • (02) 362-9769
傳　　眞◉　(02) 362-3594
郵　　撥◉　郵政劃撥0017620-0號帳戶

南部分社◉　台南市西門路1段223巷10弄26號
電　　話◉　(06) 261-7268
傳　　眞◉　(06) 263-7698

中部分社◉　台中市北屯區松竹路103號
電　　話◉　(04) 235-7410
傳　　眞◉　(04) 230-8241

登 記 證◉　行政院新聞局台業字第1035號

定　　價◉　380元

再　　版◉　1995年2月23日

ISBN 957-672-076-1

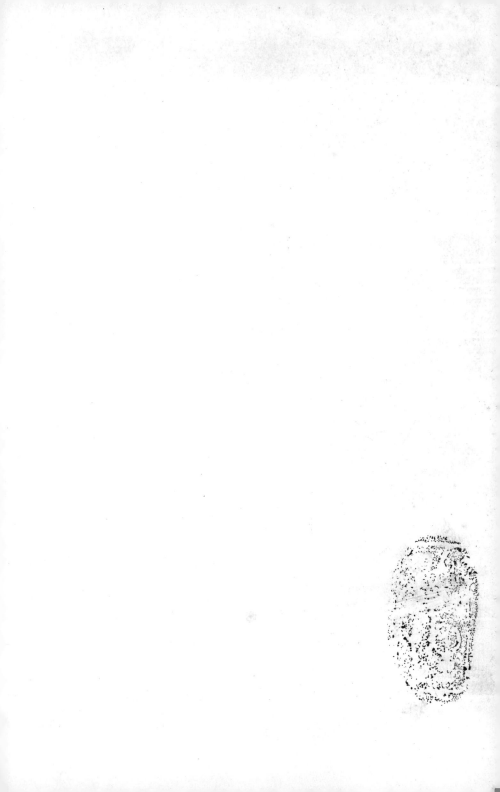

鍾玲　愛玉的故事